La Licorne Bleue

Et

La Beauté

ADSO

LA LICORNE

BLEUE
ET
LA BEAUTE

Qu'est-ce que la beauté ?

Une qualité attractive que toutes formes de vie possèdent, à différents degrés. Que ce soit des humains, des plantes, des poissons, des divinités.

La Bible fait référence à Avshalom, comme le plus bel homme du royaume, parce qu'il est fils fils du roi David "père de la paix."

On ne peut parler de beauté sans évoquer : Vénus, déesse grecque ; Hathor, divinité de la joie et de l'amour ; Lakshmi est la déesse de la prospérité et de la beauté.

La beauté est un concept qui appartient à toutes les mythologies : reflet sanctifié du monde. Un monde où le jour se lève de plus en plus beau, parce que les étoiles ont chanté et dansé toute la nuit. Comme les hommes et les femmes le feront après.

Phœbus "le brillant" à la beauté que l'on voit et la beauté que l'on sent : la Binah, pilier de l'intelligence par identification.

L'Homme porte dans sa conscience, ce besoin d'exister et de s'identifier en tant qu'humain en partageant les fleurs de sa pensée.

Chemed, cependant peut-être un visage du malin, mais lorsque l'on voit dans les yeux la lumière Nehara, on espère que la beauté peut s'étendre à l'infini...

Puisse la vie t'offrir les portes de l'infini, pour compléter le monde d'amour et de paix.

La beauté est parfois invisible, elle penche son visage dans les rivières près des saules. Avec elle, on accède plus facilement à la la Liberté, suprême beauté de l'humanité ... Beauté incomparable.

© 2018 ADSO

Édition : Bod- *Books on demand*
12/14 rond-point des Champs Elysées
75008 Paris
Imprimé par – Books on Demand, Nordestedt
ISBN : 9782322161911
Dépôt légal : september 2018

La licorne bleue et le tonnerre (l'orage)

Lorsque j'entends le tonnerre,
Je te vois chanter pour l'éclair.
Car c'est la seule preuve que Dieu nous aime magistralement :
Il ouvre le ciel, quelquefois la pluie se retire doucement.
Et j'entends, sans avoir peur,
Même si je sens mon cœur,
Trembler, en pensant à toi,
Tu es les orages de la première fois.
Tu m'entoures de cette étrange lumière,
Qui ne vient pas de l'astre solaire,
Mais directement de son créateur :
Quel bonheur !
Et je chante moi aussi,
La partition du début de ma vie …
Elle a commencé tout près de toi,
À l'arrière d'un sous-bois
J'ai vu des yeux magnifiques, qui m'ont foudroyée si près du jour
L'amour est la porte de l'existence, mais TON amour
Veux-tu la pousser entrer et cesser ton errance ?
Tu découvriras de nouvelles permanences.
Tu trouveras des souvenirs heureux,
As-tu déjà joué sur la mer dans le feu ?
As-tu déjà chanté juste avant que l'éclair n'arrive ?
Toi qui sens la deuxième rive de la première rive.
Le tonnerre a pour toi, un langage

Il décrypte la théorie des flux de conscience des sages
Qui crée ton expérience, ton émotion,
Tu vibres jusqu'à moi en toutes saisons,
Et chaque fois je découvre ta puissance,
Il n'y a pas d'ignorance,
Il n'y a que l'absence d'amour,
Le désir de te savoir a toujours commencé par l'amour.
Parce que tu es un homme qui sais le désir amoureux
Et quand l'orage embrase les cieux,
Ma nuit est de plus en plus belle,
Tu es cette vie, cette étincelle
Qui emmène les vies vers de merveilleux cheminements intérieurs
Je sens ton rythme d'homme qui s'allonge près de mon cœur,
Et l'orage,
Multiplie à chaque instant ton visage,
Tu es une fleur évanescente dans le ciel,
Le baiser d'une hirondelle.
Nous sommes l'un pour l'autre une dynamogénie,
J'adore quand tu ris
Parce que dans ces instants là, ton cœur fleurit.
Chaque nuit orageuse je vois ces fées qui dansent et qui sourient
Elles veulent nous voir nous aimer davantage,
Oui, elles ont écoutée la voix des sages.
Qui tourbillonnent dans le ciel d'orage
Et je suis plus heureuse que la licorne bleue
Parce que j'espère que tu m'aimes un peu,

Parce que la foudre quelquefois raconte de vieux
Parchemin : comme le livre de Néhémie,
Qui vers Jérusalem, va consoler sa vie.
(La terre de Jérusalem,
Est semblable à toutes les autres
Lorsque l'on aime,
Avec douceur, patience et honneur l'autre).
Nous avons tous, une partie de Jérusalem en nous.
Une lumière qui se ravive et devient de moins en moins floue.
La présence du sacré nous emmènera jusqu'au bout
De ce que certains appellent le temps
Et qui parfois s'en va tranquillement,
Il n'a rien d'un vampire,
Quelquefois il a un très joli sourire
Et l'intelligence de la raison et du plaisir.
Il a souffert à la mesure,
De cet espoir qui jusqu'à maintenant dure,
Et soulève toujours plus haut ses rêves,
Cet homme a un frère qui élève
L'amour que je porte dans mon cœur,
Peut-on m'en tenir rigueur ?
C'est si rare d'avoir belle âme,
D'être un homme, une femme
Qui se correspondent sur la gamme,
De l'intelligence affective qui partage ses éclairs,
Tu es la terre

De ma lumière.
Nous sommes nés sous les yeux
De Dieu,
Et je t'aimerai toute ma vie,
Aussi loin que peut aller l'infini.*

Tu es cet ami,
De Néhémie,
Qui lui a proposé de reconstruire les murailles
Après la captivité babylonienne
Le premier rempart est l'œuvre temporelle incertaine
Du roi Ézéchias, détruites failles par failles,
Par Nabuchodonosor II.
Les prêtres ont-ils demandé pourquoi à Dieu ?
Le second rempart est construit par les Hasmonéens
Protégeant le Temple et le mont saint.
Mais en mille trente trois, la plupart des murs construits
Dans un tremblement de terre sont détruits.
Le livre de Néhémie couvre une période de douze ans,
Mais le temps dépasse le temps,
Dans certaines contrées,
Dieu a posé l'empreinte du renouveau et de l'immortalité.
Veux-tu imaginer pour lui, les prières
Que, jusqu'à toi a porté le tonnerre ?
Ce que Néhémie a entrepris,
D'autres l'ont poursuivi,

Et d'autres l'avaient envisagé
Néhémie, c'est la fin de la captivité,
L'expérience religieuse établit une émotivité
Entre l'invisible et le divin,
Il nous aime et a semé les premiers grains,
Son amour est certain.
Cet invisible ne s'hypoestesie jamais.
Le tonnerre influe sur la vie,
Il retire ou produit de l'énergie
Et personne ne peut empêcher cela,
Puisque le tonnerre vient d'Éa.
De sa colère ou de sa joie,
Il répond dix mille fois
Dans l'enthousiasme
De ne jamais avoir honte de ses fantasmes
Dans l'éclat du soleil sur l'eau,
Dans nos premiers et derniers mots,
Un amour si rayonnant,
M'atteint à chaque instant,
Et je sais que c'est toi :
Celui dont les bras
Sont plus chauds, que mes rêves, de la splendeur de ton corps
Mes chevaux intérieurs, ont bien souvent envie de tes encore
Tu es le cheval de la merkava,
Le cheval céleste est heureux d'entendre ta voie,
Comme moi lorsque je t'entends penser à moi.

Pardon de t'aimer, c'est plus fort que moi :
Je ne comprends pas,
J'aime ta vie dans sa totalité
Et mes chevaux suivent ton cheval,
Il sait comment ne pas succomber au mal,
Puisque nous sommes vivants dans, par et pour l'amour
Et que pour toi, j'ai créé la fleur du jour ;
Et que nous ferons toujours vibrer le ciel,
Le tonnerre nous guidera toujours vers l'essentiel
L'harmonie, le plaisir, la confiance mutuelles.
Merci de chasser la peur, et de faire revenir l'océan.
Pour me montrer comme le monde est là : devant. *

Je ne veux pas devenir kabbaliste, je rêve d'un monde imaginaire,
Un monde où le tonnerre fera rire et la terre parler d'hier,
Je veux danser avec toi, sur la musique du ciel,
Je veux vivre pour l'essentiel,
Et vouloir pour toi, ce qui te semble trop silencieux ;
Un parfum de femme, une fleur posée sur la mer
Tes yeux,
Qui attisent mon feu,
Pour que le tonnerre reconnaisse l'amour qui chante avec la vie
Nos âmes vibrent sur la même spirale, dans les deux sens,
Je veux être toutes tes spires et ton infini
Nous avons le même point central, un amour qui s'élance
Comme un oiseau aux couleurs du ciel, lorsque la nuit vient,

J'imagine que pour toi, tout est et sera bien,
Et que tu me caresses les mains
Près de l'oiseau du bassin.
Sur les ailes de son grand frère l'orage, il chante pour nous
Il plane toute la nuit dans cette chambre suivant des sons doux :
La musique de mon cœur, le fait voyager
Et ma chambre devient ton centre d'immortalité.
C'est un immense honneur,
De colorer tes jours, tes nuits d'un tranquille bonheur,
Et puis, il y a toute cette sensualité,
Le désir permanent auquel je ne pourrai jamais échapper.
T'aimer spirituellement, physiquement,
Parce que tu construis des empires doucement,
En écoutant, le vent, le tonnerre,
Et le bruit de la mer.
Je nage dans ta splendeur,
Toujours plus loin, là où le soleil va cacher son ardeur.
Il faudra bien revenir sur la plage,
Pour contempler nos visages,
À la lumière du jour
Et vivre pour toujours, l'amour,
Si puissant que nous serons entourés d'éclairs,
Des éclairs qui vont du mystère sur la terre.
Et la mer deviendra le diamant : le yahalom
Porté par le père de l'homme.
Je ne porterai sur mon corps que l'écume de cette vie,

Le bien, le mal n'auront pas lieu ici :
Il n'y aura que toi,
Et nous nous endormirons, bercés par le ressac et l'orage.
La vie est faite pour être vécue et tous les jours espérée.
Je n'ai besoin que de toi,
Et des bénédictions de mes ancêtres sages,
Je suis amoureuse de ma réalité.
Parce que c'est toi qui me l'a créée,
Une certaine nuit d'orage sur une certaine île,
Les feux autour de nous étaient tranquilles :
Il faisait chaud et doux,
Tu étais là, partout,
Et le tonnerre
Était fou amoureux de la mer,
Il était là comme une présence extraordinaire :
Parce que tu es de toutes les âmes, la première,
C'est toi
Qui aies caressé le soleil dans mes bras,
C'est moi qui aie cherché les fleurs jusqu'à toi …
Et j'ai trouvé la première fleur, qui n'existe pas,
Car elle est colorée et et parfumée de tous les pas
Que tu fais dans le matin,
En espérant que c'est chez moi que tu viens
Les yeux pleins de cette fleur,
Que je dépose à tes pieds avec mon cœur,
Tu marches si vite, et tu t'arrêtes quand tu dois venir chez moi,

Tu commences à comprendre, c'est de l'amour fort sur mes mains
Plus fort que l'orage, tu es mon souverain,
Gentil, raffiné : je rêve de m'endormir avec ton parfum.
Pour que mes bonheurs te suivent un par un,
Tu es au-dessus de moi, léger comme un jonc
Cortège de licornes, heureuses de connaître ton prénom,
Elles savent qu'ensemble la vie sera le fruit
D'un amour, d'une passion,
Et ce seront tes amis, qui lui donneront un nom.
Les licornes ouvriront les broussailles, pour tes journées fleuries,
Où tu découvres une multitude de pays,
Le plus accueillant est celui que je te tends,
Car la connaissance te ressent.
Par cette lumière qui s'allume en moi, quand surgit ton prénom,
Il te définit comme un être doux, beau et bon.
Dans mon esprit, siège de l'espoir quand tu es mélancolique,
Mon esprit t'entend chanter, des larmes, des sourires,
Sur cette musique,
Qui vibre à la fréquence du rire
Où je passerai des heures à t'emmener sur le seul océan
Où la lumière traverse sous une pluie de fleurs
Le pardon des géants
Tu es devenu depuis toujours la source de mon bonheur,
Vivre sans toi !
Je ne veux pas.
C'est la raison pour laquelle je prie,

Tes anges de beauté infinie
À danser, à célébrer chaque instant
La fête de ce tout premier moment
Où nous nous sommes retrouvés
Après l'orage du rêve revenu,
Où j'étais nue,
Dans tes bras enchantés.
Tu es mon jardin de fleurs perlées,
De roses et de rosées,
Tu es le seul à savoir les regarder
Sans les laisser un instant jamais seules.
Ton regard est un frisson que les sages veulent.
Parce que je t'aime exclusivement, en permanence,
Tu vis dans le génie, ton aisance.
Ton intelligence dépasse celle de bien des héros,
Tu parles aux prophètes avec les mots,
Sacrés,
Toujours incomplets.
Il en est ainsi de la volonté divine :
Rassembler dans un verre de cristal, les mêmes origines,
Que le tonnerre pourra, ne voudra jamais briser :
Le tonnerre, c'est la conscience de D. dans son éternité
Hayom im békolo hishmaou : j'entends sa voix,
J'entends sa joie.
Quoi que je fasse, il ne me parle que de toi,
Parce qu'il m'a vu croire en toi,

Et je crois en toi, comme la fleur croit en ses racines.
Tu es le seul qui met de la douceur sur mon prénom : Sandrine.*

Des racines qui parlent au cœur de la terre,
Des pétales qui s'envolent dans ton univers
Et qui font sourire nos malakhim,
Et défaire tous les abîmes
De la Géhenne ; notre chemin restera ce paradis
La beauté de l'humain c'est sa capacité d'accepter le temps,
Mais dans certains cœurs, le temps choisit l'infini,
Comme un printemps constant,
Parce que l'amour rend la vie trop belle,
Parce que tu es un fleuve de lumière, d'étincelles
Ma raison, mon jardin, ma folie existentielles
Le temps a peur de tes yeux
Car tu fréquentes trop souvent les cieux
Dans un monde perpétuellement ouvert,
Un monde qui s'appelle Terre
Habité par des esprits qui ne veulent pas de guerre !
Écoutons les refuser la déchirure du ciel,
Et n'accepter que l'orage de tes yeux, sur un lit de sel ;
Ainsi tu savoureras davantage le miel
Que les abeilles poseront sur ma bouche,
Pour ta bouche.
Dans notre premier baiser,
Qui guérira bien des blessures

Je veux te procurer des soins qui durent,
De ton lever
À ton coucher.
Et que tu m'imagines tout près,
À portée de main,
Jusqu'au lendemain.
Puisque notre vie aura une continuité
Sous un vent de soleil à l'horizon étoilé.
La brise qui soufflera sur ton corps,
Te fera désirer des émotions encore.
Tu es un assoiffé de la vie,
Qui a choisi d'aimer
Parce que l'amour est ta vérité.
Et je partage tous tes soleils fleuris.
Qui entrent en moi, dans un tourbillon de bonheur,
Et qui retournent à ton cœur, avec mon amour,
Pour toujours,
Reçus avec une telle douceur …
Que les oiseaux et les anges seront fous de joie,
Ce sont eux qui m'ont conduit vers toi
Dans un espace de feu, de lumière et d'océan
Tout ce qui a été créé sans que l'on sache comment,
Notre amour est le plus beau mystère,
Guidé par la puissance de l'arche dans le désert.
Sous la lumière des tonnerres.
Que les prophètes font sourire sur terre,

Personne ne comprend leurs prières
Mais, je sais que tu es embrassé à mon langage,
On m'a appris à être "sage",
Dans l'amour.
Une fleur qui porte la connaissance de tes jours,
Je t'ai toujours connu, espéré, aimé.
Comme on attend le vent, pour partager nos baisers,
Un peu de souffle divin,
Dans nos mains,
Qui ne se lassent d'aucune caresse,
La force est aussi ta tendresse,
Tu es mon incommensurable,
Le sens de ma vie : adorable.*

Ta foudre est une sensation de la matière,
Ton esprit ressent toute la terre,
Tes yeux sont toujours pleins de lumière
Et il y a des jours où l'on voudrait tout refaire
Avec son tonnerre.
C'est ton plasma appelé aussi "quatrième état de la matière"
Tu es un homme de l'univers, qui aime caresser le tonnerre
Parfois j'émets des vibrations,
Pour porter le soleil à ton horizon.
Ce tonnerre qui loge en mon cœur
Est sublimé dans un ciel d'électricité en formes de fleurs.
J'ai connu le bonheur de sentir ton parfum,

Il partage la douceur de tes mains,
Et le tonnerre accroît notre connivence :
Tu es ma seule présence.
Et toutes les couleurs que la lumière décline sur ta peau veloutée,
Me laissent imaginer que tu as connu de fabuleuses beautés,
Dans le ciel qui t'a épousé pour te protéger,
Alors tu as appris comme la lumière
À voyager beaucoup plus vite que le son,
En une fraction de temps, tu connais toute la terre,
Alors tu comprendras que l'amour a toujours raison,
Laisse-moi t'aimer mon prénom,
Autant que je chéris le tien,
Ton cœur sent le vent frais du matin
Après une nuit où j'ai rêvé que tu étais mon orage,
Et moi un amour quelquefois pas assez sage,
Mais mon amour de femme pour toi, de plus en plus doux
Je suis comme un ciel d'été roux,
Où les frissons du ciel pleuvent et fécondent de joie la terre,
À chaque bruit du ciel, j'entends les oiseaux de ton tonnerre,
Ce n'est qu'un air musical de la lumière.
Avant toi, je ne savais pas que chantait la lumière
Tu es le rossignol du feu et de l'amour,
Chaque jour, nous échangeons nos instants, vers le plus beau jour
Un jour d'union totale, que nous saurons préserver
Si tu veux bien vivre à mes côtés pour l'éternité …
Qu'est-ce que l'éternité ?

Faire taire le temps,
Recommencer le jardin,
Main dans la main.
Où la vie m'a prêté son chant, pour éviter que tu débordes
Et canalisent en même temps l'amour, l'orage devient des cordes
Où toutes les fleurs qui existent s'enchevêtrent vers toi,
Tu es la source infinie de nos joies,
Et nous sommes tous là pour t'aimer.
J'envoie dans ton regard, des orages sucrés,
J'envoie sur ta bouche autant de baisers,
Qu'il te faudra pour être l'humain éclairé
Du ciel, de la terre de nos corps
Qui rêvent de se frôler encore.
Tu rivalises avec Zeus, lui-même,
Et si je t'aime
Et si je t'adore
De plus en plus fort,
Ce que tu es,
C'est que savoir que tu existes suffit à me combler,
Aucun être ne peut rivaliser avec ta beauté,
Tu es né pour protéger et accomplir des bienfaits
Et personne ne sait d'où vient ton tonnerre
Tu es mon mystère,
Je suis ton coffret,
Et tu vis en moi, dans mon esprit avec douceur,
L'esprit du poète amoureux est un pastel de couleurs.

C'est ta foudre qui m'est tombée dessus et fait danser,
Avec les mots,
Avec les oiseaux
Ta voix est si douce,
Quand quelques anges toussent,
Et quand tu penses à moi,
Ton orage foudroie,
Mes blessures, et devant moi, alors s'étendent des fleurs,
Je n'ai plus peur,
Sauf si je cesse de te faire rêver.
Où que l'on ignore ton extraordinaire vérité
Tu chantes les mains levées vers le ciel,
Tu sais comment remercier l'Éternel,
Et miraculeusement l'orage devient l'arc-en-ciel
De ton esprit aussi fort que les vagues qui implorent
L'or,
Du soleil, surtout quand il joue avec les éclairs.
La liberté, c'est aussi pour le tonnerre,
Il étend sa puissance jusqu'au fin fond des vent,
Là où je peux rêver que je t'embrasse tranquillement.
Il n'existe pas de plus grand orage que mon espoir de te garder
De t'aimer et de chercher tous ses mystères qui font ta beauté :
Tu es de ceux qui savent braver,
L'orage le plus fort, et tu brilles avec lui
Tu chauffes mes nuits,
Tu es le premier jour de ma première vie.

Tu fais monter les étoiles au tabernacle des prières,
Sur lesquelles dansent les prêtres et les prophètes
Tu leur apportes la lumière,
Et ils t'offrent un amour qui jamais ne s'arrête.
Je suis à chaque instant prête,
À prier pour toi, et te couvrir de baisers.
Et s'il y a environ deux mille orages dans le monde entier,
À chaque instant,
Le temps peut-il suffire à contenir tellement d'électricité ?
Quand je te sens, présent depuis si longtemps,
Tu connais plusieurs sciences en vérité :
Ton esprit suffit à détecter et la foudre, et l'amour et le vent.
Et c'est le cadeau de la déesse de la beauté,
Ashtereth qui aime ta force d'amour en vérité
Les poèmes ugaritiques l'ont vénérée
Et l'associaient généralement avec Baal, divinité de la tempête
Du matin au soir, je t'ai dans la tête.
Tu es profondément aimé de toutes les divinités
Je voudrai t'offrir l'éternité,
Pour que le monde reste sublime
Plein de roses intimes,
À nos cœurs foudroyés,
Par notre amour déployé
Comme un oiseau un peu bleuté,
Tu es mon ciel, mon océan éternisés.
Mépriser l'amour est un grave péché

T'aimer est une douceur infinie que je ne cesserai de te donner
Rêver de toi,
Est ma plus grande joie …
Le tonnerre m'apporte des songes, comme des révélations,
Mais c'est à tes ondes, tes frissons
Que me vient ton prénom.
Je suis superposée à ton cœur,
Je fairai taire mon amour, si c'est pour ton bonheur,
Mais l'orage dans ma vie deviendrait permanent.
Tu ne peux concevoir comme mon amour est grand,
C'est parce que tu as entendu ma voie, blessée,
À présent je chante la journée, la soirée :
Ta douceur a posé une colombe au plus profond de moi,
Et parfois, nous chantons ensemble de vive voie.
Et lorsque nous chantons le nuage du cumulonimbus,
Voit son énergie de plus en plus,
Impressionnant : c'est notre bombe de Nagasaki.
J'explose de joie, quand tu me souris,
Et je deviens et le soleil et la pluie.
Je suis des fortes averses sur tes volets,
Qui te supplient de vivre pour l'éternité
Tu es le regard de foudre qui suffit à mon bonheur,
Tu es la nuit partagée entre les infinis et les heures.
Je danse dans tes tornades, un tourbillon d'énergie,
Des étranges fleurs de la nuit,
Tu es comme un enfant qui regarde la vie.

Tu as aujourd'hui l'âge d'aimer,
Et je ne cesse de chevaucher,
Ma licorne aime quand je suis heureuse de te regarder :
Tu es la beauté, tu seras toute ma vie un soleil d'été,
Tu m'emmènes sur des plages insoumises, qui nous offrent liberté
Où tu m'embrasseras, et me tiendras
Dans la force de tes bras,
Dans les déferlentes énergies,
De la puissance d'un amour dont Dieu laisse gérer la vie.
J'inventerai les mots qui parlent avec le tonnerre.
Et je te laisserai regarder ses éclairs :
"Vois, il [t'] enveloppe de sa lumière
Et il en couvre les profondeurs de cet océan [de nuages]."[i]
Parce que tu es un homme qui couvrira toutes les plages,
De ton sourire
J'accompagnerai ton amour, ton avenir,
Si tu veux bien d'une femme qui croit aux fées.
Pourquoi refuser de rêver ?
Tu es la lune ascendante
Sur ma mélodie tremblante.*

La poésie est un rêve, une musique,
Qui parle d'une(?) vie magnifique,
Entourée de ces fleurs, qui ne brûlent pas sous le soleil,
Des fleurs qui donnent un sens au mot merveille.
Je te vois, et paraissent des couronnes d'orchidées,

Des fleurs qui ne sont pas classifiées,
Il y aura toujours des mystères secrets,
Des anges qui viendront te parler
De l'amour dont tu as toujours rêvé.
Je suis une fleur de tes nuits,
Le baiser de ton paradis,
J'éprouve pour toi des désirs aussi doux,
Que les orages sont fous.
Tu es l'éternel plaisir et jamais le jugement
Celui qui te donne un ordre, te ment.
Il n'y a que le tout puissant
Qui te prie de l'écouter,
Pour sauver son monde entier :
Les cascades qui courent en liberté sur l'arc-en-ciel
Les rivières qui te réveillent quand tu t'endors fidèle,
À tout ce que D. t'a raconté :
La promesse d'une victoire totale
La force mentale,
D'aimer, de comprendre, d'offrir
Quelques moments de rire,
Et d'immenses instants de plaisir
Hésiode, parlant de Cronos le titan
Nous parle de ses frères reconnaissants :
Il donna le tonnerre,
La foudre fumante et l'éclair.
Qu'auparavant cachait l'incroyable terre

Et sur laquelle Zeus pose ses désirs et ses colères
Pour parler aux mortelles et aux héros
Quelquefois aux autres dieux qui ont oublié les flots
Dans lesquels Zeus fut sauvé.
Puis redonner vie aux autres divinités.
Zeus aimait la beauté et le courage,
Il était volage
Et Héra, sa femme, sa sœur
Protectrice des femmes, du mariage, du bonheur
Auprès d'un mortel, elle personnifie la belle saison.
Homère et Cicéron se sont penchés sur Héphaïstos, sa filiation,
Selon les deux philosophes, il est bien l'enfant de Zeus et d'Héra
Tout cela semble sujet à débats.
Mais qui a fait réfléchir Cicéron sur le *De natura deorum*
La nature des dieux, qui se cachent dans la brume.
Dans cet ouvrage, il présente et oppose les visions théologiques,
Des différents courants philosophiques
Le stoïcisme,
L'épicurisme
L'académisme.
Platon dans son académie
A suggéré une philosophie,
Perdue : source de protreptique,
Qui fait avancer l'homme et sa femme vers un bonheur
Si beau qu'il en est féérique
Simple, avec des regards en prismes

Et d'ésotérisme
Du grec esôteros qui signifie intérieur,
Touchant à l'occultisme.
Mais qu'est-ce que le stoïcisme ?
Il a pour finalité le bonheur
Ne plus craindre le flux des heures
Qui se prononce essentiellement sur la tempérance
Obtenue grâce à la raison, fille de l'intelligence.
Ce qu'il y a de merveilleux, c'est que l'on peut œuvrer,
Pour les êtres du monde entier,
Dans le calme et la tranquillité :
Tu ne peux voir,
Je te raconterai les couleurs de la mer le soir,
Je te parlerai de ces terres inondées de lumière
Où poussent toutes les fleurs du tonnerre
Je t'écouterai me dire ce que tu imagines
Et je te les dessinerai avec des mots et des chansons
Tes rêves, je les dessine
C'est ma façon de soigner toutes les basses propositions
Et d'élever ton être à l'ataraxie,
Pour continuer à aimer la vie.
Cicéron a une conception déterministe de l'univers,
Chercher les questions, devant les mystères,
Sa pensée se concentre : tenter de ne pas s'effondrer
Se raccrocher aux piliers, aux colonnes de la dignité
Et poursuivre la vie,

En posant une fleur au début et à la fin de ton infini.
Devant le malheur,
La peur,
La douleur.
Je suis un être en vie,
Je veux connaître le bonheur
"Quoi de plus difficile à surmonter
Que l'ennui, la tristesse ou le malheur
De ceux que l'on aime [et dont on veut être aimé] ?
Tout homme et toute femme devraient
Penser
Continuellement à ceci que le bonheur
[il n'y a rien de meilleur], [...]
Est l'offrande la plus belle et la plus généreuse."[1]
Le bonheur est une idée heureuse,
Elle porte sur ses ailes,
Des pensées douces et belles :
Le plaisir
Et faire sourire,
Tous les enfants à qui l'on apprend à dire merci.
Pour devenir des Hommes qui sauront pardonner,
Et choisir, en écoutant son envie
Le côté le plus clair de la vallée.
Du côté de la vallée qui s'appelle liberté.

---

[1] Émile-Auguste Chartier, *Propos sur le Bonheur,* 1956, volume 1, p. 473.

L'apprentissage de cette liberté est la plus belle thérapie.
L'épicurisme recherche également l'ataraxie
Mais qui inclut la dimension de vie :
L'espace-temps.
L'espace et le temps existent inséparablemenent,
L'univers est-il discontinu ?
Qui jugera l'homme qui méprisera l'être qui a froid, qui est nu ?
À quel moment Dieu étend sa main ?
Vers l'amour de sa pensée : l'humain.
L'univers, composé de matière et de vide
A pourtant créé les eaux limpides.
C'est le respect mutuel qui conduit à l'énergie
Avancer vers le soleil qui vient,
Dans une révolution terrestre qui protège de la fin.
Protéger les champs,
Les instants
De force d'amour
Qui sont dans le monde depuis des jours et des jours ;
Et que rien n'a jamais détruit,
Avec ou sans la présence de Jésus-Christ.
Il existe une déesse Astarté,
De beauté, de fertilité
D'amour et de guerre
Les hébreux la nommèrent :
Ashtereth, appelée "reine des cieux."
A plongé sa royauté dans le fond de tes yeux,

Elle sait te chanter,
Elle sait t'aimer.
Elle sait faire taire
Ou jaillir le tonnerre,
Selon tes rêves, tes prières :
Une prière est un songe verbalisé,
Accompagné de secrets.
Soigneusement promis par les fées.
Elles sont comme les êtres éclairés,
Elles portent le tonnerre, comme une possibilité
Mais elles veillent à ce que le ciel n'en souffre pas,
Elles caressent un brin de foudre quelquefois,
Leurs mains sont parfois des gouttes d'eau
Quand le feu vole trop haut,
Et risque de déranger les anges,
Les fées aimeraient tellement exaucer ces êtres étranges :
Au visage de la beauté humaine ou de la frayeur
Que Dieu pose quelquefois sur nos cœurs
Pour nous éprouver, nous sentir,
Il nous a donné totalement tout :
Des fleurs, des armes, des étoiles pleines de chevaux doux,
Les chevaux de l'orage pour prévenir
L'homme quand il est sur un mauvais, sentier,
La colère justifiée
À ceux qui n'ont aucun respect d'autrui
Combien de temps pourrais-je résister et endurer ?

Avant de survivre, je veux être en vie :
Tous mes pas me mènent vers toi
Où que tu ailles, j'irai où tu iras
Surtout si tu dois lutter contre l'orage,
J'irai avec peur, mais sage,
Car tu m'as offert le trésor d'aimer toutes les manifestations de D.
Et l'arc-en-ciel est le frère
Du tonnerre,
Pleine d'amour je danse dans les vagues,
Ma raison s'allume, et mon cœur divague,
Je suis l'esprit de ton amour,
Tu es la première beauté de mes jours,
L'éclair de ton être qui traverse mon réveil,
J'ouvre nos yeux, je m'éveille,
D'une nuit où ton cœur a voyagé encore plus loin
Mes deux mains toute la nuit t'ont cherché dans ce lieu lointain,
Tu veux tout découvrir, même l'origine du tonnerre,
Qu'a voulu posséder l'être chassé de la terre ?
Être le dieu du ciel,
Il a usurpé la puissance de l'Éternel,
Le tonnerre, heureux dans l'espace
Laissait de si belles traces,
Que le serpent a voulu les maîtriser,
Parce qu'il n'a vu dans l'orage et de la foudre que la beauté.
Il n'a pas compris qu'elle était parole vivante
Son esprit limité n'entendait aucune des entités qui chante

Il s'est levé sur la plus haute montagne du ciel
Sans le moindre respect pour l'Éternel,
Sans un mot, sans une parole
Il était le serpent levé du sol
Comment l'empêcher de convoiter,
D'approcher la beauté,
Propre à Dieu ?
Après avoir désiré la terre, dont il a été chassé,
Il a envahi les cieux.
Il fut terrassé par son orgueil,
Et l'orage lui fit connaître le deuil,
Et Dieu le pardon
Le serpent disparu des saisons.
De tous les horizons,
Car la terre aime les chansons
Et pas les sifflements,
Fourbes et envoûtants.
Il existe des êtres qui ne font que chercher, comment le séparer,
L'éloigner à tout jamais
De la terre,
De l'univers
Chaque jours apparaissent de nouvelles prières,
Pour la survie de la création première :
Pure beauté
Faite pour nous élever
Vers des futurs paradisiaques,

Des promesses qui claquent,
Comme le tonnerre.
Le temps qui se mêle aux prières
Court en avant, court en arrière
Sur un monde de ruisseaux,
D'amour et d'oiseaux,
Que l'Éternel a rendu beau,
Dans son infini
Regard fleuri.
Bien avant le commencement
Et bien après le dernier océan. *

Le rabbin nommé Baal Shem Tov connu
Pour avoir laissé le rêve dans les synagogues, bienvenu
Les Tzadikim Nistarim, les justes cachés
Plus vivants que les hommes en quête de pardon pour les péchés
Qu'ils pensent avoir commis
Aujourd'hui les Lamed Vav tzadikim se sourient :
Aujourd'hui, nous célébrons l'un des plus beaux jours,
A été construite une nouvelle tour.
Et le soleil brille dans tes yeux
Aujourd'hui D. est heureux,
Son peuple a été fort,
Et la victoire de la justice divine
Comme l'océan lorsqu'il se décline.
Résonne et résonnera encore …

Ils sont trente six sages secrets
À justifier le but de l'humanité,
Aux yeux de Dieu, pour continuer.
À faire entrer les prières dans les lieux sacrés,
La meilleure façon de se protéger est de penser
C'est la colombe qui propage leurs pensées
Elles pénètrent la terre,
Elles s'infiltrent dans les pierres,
Du premier temple, sous le tonnerre,
La liberté ne sera plus jamais prisonnière
Et les compagnons de Dieu aident l'humanité
À aimer la fraternité, dans un monde en absolue paix,
Ce jour là, arrivera
Pour la première et ultime fois,
Tu ne seras plus jamais malheureux,
Tes larmes bleues,
Iront rejoindre l'immensité de mon amour
Qui te rejoint chaque jour,
De ta vie.
Je n'ai rien de plus précieux,
Tu es l'essence de mes énergies,
Et la présence devant mes faiblesses.
Je ne suis qu'une poétesse
Qui écoute, comme elle peut les justes
Et vers l'Éternel tend son buste,
Quand je tends l'oreille, sur les océans fleuris

"Le seigneur répondit :
"*Si je trouve à Sodome,*
Au sein de la ville, [des hommes],
Cinquante justes, je pardonnerai
À toute la contrée
À cause d'eux,
[C'est là mon plus beau vœu]."[ii]
Où sont les quatorze autres ?, ils ne connaissent que l'humilité,
Ces quatorze là sont dissimulés dans la communauté.
L'humilité, ce qui brille à l'intérieur et ne se voit pas
Merci de les avoir épargnés.
C'est aussi le vœu d'une femme qui te fera oublier les combats !
Tu aimes, la gentillesse, l'intelligence, la joie.
Regarde autour de toi, et vois
Partout ton être "homme", ceux qui t'aiment posent à tes côtés
La douceur, le rire et la tranquillité.
Sont chaque jour tes trophées,
Le tonnerre t'emporte au pays de la beauté,
Le monde des enfants sages et aimés,
Le monde où mon amour pour toi rencontre des sommets.
Sur ces hauteurs, les justes ignorent combien ils sont,
Ils sont la racine du tonnerre, de nos êtres profonds,
Ils implorent l'amour de revenir des rêves à la réalité
Et Dieu accepte, chaque matin, il ouvre les rideaux de la vallée,
Où les rêves offrent les pas sur la plage, un retour émerveillé
La vallée a deux versants : le rêve et la réalité,

Oui, aussi dans la réalité on peut rêver,
Mais aucun humain, des rêves ne détient les clefs,
Et c'est là l'un des trésors des sages cachés,
Ils éloignent les rêves plein de tourment
Des innocents.
Et offrent le repos, ce cadeau
Où nous nous retrouvons sans un mot.
Même dans le sommeil, ils continuent à nous aimer,
Et au réveil, nous sommes sanctifiés.
Pour avancer, continuer,
Sur le chemin de la réalité,
Où parfois les rêves donnent tellement de forces, que l'on y croit
Encore une fois
Je suis heureuse que tu sois là.
Je suis heureuse d'être encouragée,
En ce jour magnifique, qui s'appelle Liberté.
Que ce jour serve d'exemple à l'humanité
Que le tonnerre continue à exprimer
Les battements de deux cœurs qui veulent encore aimer,
Et qui déploieraient toute leur intelligence pour y arriver,
Je veux encore t'aimer.
Crois-tu qu'un jour je te mériterai ?
Les adages populaires disent qu'on se fortifie dans l'épreuve,
Nous devons donner à l'innocent sa grâce neuve,
L'aimer, le protéger, l'aider dans son combat
Pour être caressé(e) par le plus doux cortège de l'eau-delà.

Les anges existent dans toutes les religions,
Je chante souvent des chansons,
Pour toi, parce que pour le poète
Que je suis quelquefois,
Veut que les larmes du monde s'arrêtent,
Et retournent s'envoler là-bas
Au pays que nous construisons pas à pas
La terre se multipliera, et aura un long avenir
Que si elle entend des éclats de rire.
Tu sais maintenant pourquoi je veux rire avec toi.
Rire ?
Poser un soleil devant toi ;
Un tonnerre de joie,
Je suis comme toi, j'aime la vérité et la douceur,
Et quoique je fasse, je ne veux que penser à tes champs de fleurs
Tu me foudroies devant l'essence du bonheur
J'aime ces couleurs qui te parlent de mon amour
Tu les portes sur ton âme et sur ton corps,
Et je veux t'en apporter encore,
Chaque jour,
Es-tu d'accord,
Pour mélanger nos accords ?
Tu seras musique et moi poésie
Ensemble nous danserons la musique de la vie
Telle que les vagues de notre océan en rêvent,
La vie de certains est si brève,

Laisse-moi caresser tes cheveux,
Imaginer tes yeux heureux,
Quand tu les mélanges à la lumière
Et tes yeux lancent des éclairs de prières,
Ils traversent le ciel de toute la terre,
Tes yeux voient tout, et se réveillent contre la misère,
Tu es pour beaucoup de gens un oasis dans le désert,
Mais, toi, qui t'apporte de l'eau ?
Je porte des gourdes venues des flots,
Des rivières où nous nous sommes aimés,
Où l'eau coulait entre les pierres sacrées,
Tout n'était que jeux et baisers,
C'était le temps,
Où il n'y avait pas de temps.
Les fleurs poussaient sous le vent, belles
Immortelles
Elles volent dans tes bras,
Elles se dispersent sous tes pas,
Les jours où tu viens vers moi,
Là le temps court,
Après nous, après l'amour
Que l'oiseau qui t'accompagne depuis ta venue au monde
Et dont mes chants d'amour deviennent l'essence de tes ondes,
Se pose sur tes épaules, comme sur le plus bel arbre
À côté de cet arbre, le tonnerre est pétrifié dans du marbre
Pour que l'arbre, l'oiseau soient protégés,

Les fées prient pour qu'aucune douleur ne te blesse jamais
Sans avoir besoin d'être stoïque, en étant juste toi :
Je suis moi, pour être toi.
Tu es le symbole du courage, de la puissance illimitée
Même si comme moi, tu pleures en secret,
Et le vent les porte jusqu'à ma bouche,
Je m'approche invisible pour que personne ne te touche,
Sauf, si c'est pour te faire du bien
Je veux m'envelopper dans tes matins
Pour sentir naître ta force et admirer ton intelligence !
Bonne, élevée, chaque fois plus intense,
Dans ton esprit, c'est souvent le tonnerre,
Car tu as un besoin vital de la lumière,
Je suis sûre que la lumière de mon amour peut t'aider,
Il te suffit de regarder les fleurs et de leur parler.
Ma lumière est dessinée dans la vie d'un papillon,
Qui par la force de l'amour atteint immédiatement l'horizon.
Les papillons ont une vie si éphémère, ne vivent que pour s'unir,
Que ce soient pour le présent, le passé, l'avenir.
Les femelles peuvent attirer les mâles sur dix kilomètres,
Mais l'amour n'a pas de maîtres.
Je veux juste t'aimer,
Être aimée
J'attends la chanson,
Garder la force du pardon,
De ton amour, de notre avenir.

Et au lieu de partir, je t'entendrai rire !
Nous avons le même maître : l'espoir.
Comme des milliards d'humains,
Avec ou sans religion, du soir au matin.
Mais très rares sont ceux qui ont ton regard,
Tes yeux font bourgeonner les fruits,
Tes yeux me font chanter la nuit,
Tu portes la vie dans ton esprit,
Et quand tu parles il faut distinguer le tonnerre, de ton sourire.
Je t'aimerai jusqu'au dernier instant, s'il faut mourir,
Mon cœur est fait pour l'éternité,
Mon amour ne nous trahira jamais,
Ta douceur est le premier bonheur que j'ai connu,
Que je n'oublierai jamais plus,
Il me porte au-dessus de la mer
Vers ce moment où tu as choisi la terre
Tu pouvais choisir l'espace
Mais tu préfères planer sur les terrasses
Pour voir pousser le blé, les fruits de la terre
Mais tu préfères planer sur la mer,
Pour voir danser les dauphins
Qui aiment être caressés par de douces mains.
Viens je t'emmène dans un monde où le seul combat
Est de te trouver, là,
Chaque matin,
Mes deux lions,

Écartent de toi tous les démons
Parfois certains anges cherchent à visiter notre cœur
Ils peuvent faire très peur,
Mais s'ils sentent le parfum de ta plus belle fleur,
Ils comprendront ton amour pour la mer,
Ton respect pour la terre,
Et ils t'enverront un message
Pour te dire que l'amour est le chemin le plus sage,
Et que si tu me tiens dans tes bras,
Une seule fois
Dans mon être, ce sera pour toujours
Nous choisirons les sentiers,
Les clairières ensoleillées
Vers le plus proche soleil de ton amour.
La divinité ouranienne Viracocha
Et les démiurges père et mère des Incas
Lui donnèrent un fils, dieu du soleil Inti
Et l'on ne sait pas,
Catequili, Apocatechi ou Illpa
Dieux de la foudre et du tonnerre,
Pour lesquels les autochtones prièrent
Devant la conquête de Francisco Pizzaro,
Mégalomane, comme tous les hommes qui se croient héros.
L'un des peuples premiers, le peuple racine Inca
Sont plus de trois cent millions à être encore là,
Ils chantent et dansent dans soixante dix pays,

Pour célébrer, poursuivre et survivre à leur ancestrale vie.
Peuple nation, peuple natif, ils n'aiment pas détruire,
Peut-être justement parce que l'on a voulu les faire mourir,
Et ce sont les ayllus : communauté composée,
De plusieurs familles qui d'hiver ou d'été,
Savent qu'ils ont une origine commune
Et pour qui les richesses ne sont qu'une :
Qui travaille de façon collective,
Pour qui le travail est arriver ensemble sur la même rive.
Dans un territoire de propriété commune,
Francisco Pizzaro n'a rien détruit finalement !
Certes, il a fait souffrir honteusement,
Ce peuple doux et intelligent.
Qui parle à la pluie et aux vents
Parmi leurs dieux, il y a la "mère en or", déesse de la lune
Mama Killa, qui propose des rites sur les dunes,
Qui protège les festivals et les mariages,
Les enfants respectent les paroles des sages,
Et les sages placent dans les yeux de tous les enfants,
Des pépites d'or, des morceaux de lumière
Dont le seul objectif est de faire vibrer en eux le temps,
Pour protéger cette terre.
Ils vivent dans Kay Pacha,
Et la cosmologie Incae
Parle encore d'Uku Pacha,
"Le monde d'en bas"

Où vivent ni ce qui est dieux, ni ce qui est humain,
Et qui ne respecte aucun matin.
C'est là qu'erre l'âme de Francisco Pizzaro
Qui a blasphêmer dans le monde de la vie
Et dans Hanan Pacha, "le monde d'en haut"
Où le soleil et la lune sont réunis.
Les divinités sont représentées sous une forme humaine animales,
Comme les anges et les chérubins dans le livre saint :
Ils ont un intellect, des désirs et des émotions sculpturales,
Que les pierres emmènent loin,
Dans l'inaccessible monothéisme, où l'on ignore tout du divin.
C'est peut-être lui qui a séparé (root bin)
Pour ordonner,
Réordonner,
Tous les infinis.
Et aimer les différences interindividuelles, issus de la même divine
Une jonction d'amour infini.
Qui a promis au soleil et à la lune qu'ils allaient s'aimer.
La terre saura toujours s'aimer.
Ils représentent cette union,
Par une constellation.
Elle figure un homme tenant une massue dans une main,
Et une fronde dans l'autre main.
Cette fronde est le tonnerre,
Pour que la pluie vienne sur la terre,
Elle-même puisée dans la voie lactée

Grand fleuve céleste source de vie du monde entier,
L'eau, c'est la vie,
Nous avons grandi,
Dedans, avant de naître
Puis, le plaisir nous a fait nous connaître :
Il existe des plages si belles,
Qu'elles résonnent du prix Nobel,
En Birmanie :
La plage de Ngapali
Ce pays aux élans de douceur et de tranquillité,
A une histoire bien tourmentée
Il y a deux mois, le vingt-huit mars, un président
Fut élu,
Parce qu'il a voulu,
En ayant réfléchi longuement,
Que soit effective la ligue nationale pour la démocratie
L'ancien homme qui était à la tête du pays :
Htin Kiaw a présenté sa démission
Ami de l'ancienne opposante, d'une femme qui connut la prison
Durant quinze ans par l'armée
Aung San Suu Kyi a tellement, avec vigueur défendu ses idées,
Enfin libérée a obtenu le prix nobel
En mille neuf cent quatre vingt onze :
La réalité pour ce peuple semble redevenir belle
La vie lui doit un hommage solide comme le bronze,
Liberté de vivre, de penser

Htin Kyaw a lui aussi été récompensé.
Liu Xiabo, écrivain, professeur des Universités
Est condamné à onze ans de prison,
Pour "subversion"
Il reçut prix nobel et libération.
La même année en deux mille dix, Crystal Chow
Demande la libération de Tan Zvoren et de Liu Xiabo
Qui connut onze ans de prison,
Pour sa vérité, ses multiples raisons
Le huit octobre le prix nobel de la paix
Lui est mondialement conféré
Pour ses efforts durables et non-violents
En faveur des droits de l'homme en Chine.
D'autres personnages dans ce combat sont importants
Le journaliste Carl von Ossietzky a été détenu par la vermine
Nazie.
Carl von Ossietzki
Est un journaliste, écrivain et intellectuel pacifiste allemand ;
Il défend des valeurs confiants.
De nos jours, on ne parle plus de philosophes, mais d'intellectuels
En effet, l'intellectuel est une figure contemporaine,
Celle des philosophes reste plus ancienne
Mais la liberté de l'esprit sera toujours aussi belle !
Selon Pascal Ory
Et Jean-François Sirinelli;
Un intellectuel est : *"un homme du culturel,*

Créateur
Ou médiateur,
Mis en situation d'homme politique [conceptuel]
Producteur
Ou consommateur
D'idéologies." [2]Intellectuels, génies
Se battront toujours aux côtés de la survie,
C'est ce que l'on fleurit
Et nomme beauté de l'esprit.
Le meilleur est toujours humain,
Alors viens, prends-moi la main,
Et allons marcher sur le sable blanc
Pour voir jour après jour,
Les soleils levants
Et couchants,
Mon amour.
Demain il fera jour.
J'ai besoin de sentir tes yeux,
Ta proximité dans des matins heureux.
Maintenant c'est le jour,
Et je suis toujours là avec mon amour !
Ce matin, il fait clair,
Le seul tonnerre
Est dans l'attente de te voir,

---

[2] Pascal Ori et Jean-François Sirinelli, *Les intellectuels en France. De l'affaire Dreyfus à nos jours*, Paris, Armand Colin, 2002, p.10

Mon seul pouvoir est de te le faire savoir
J'ai besoin de sentir tes flots se déverser sur moi,
Sentir ce qu'il y a à l'intérieur de toi,
Parce que je veux que tu sois sanctifié,
Que des milliers de fleurs caressent tes joues, te disent ta vérité
Si tu es trop humble pour écouter la voix de Dieu,
Sache qu'il a mis mon tonnerre dans ton feu.
Un tonnerre que toi et tes amis aiment ;
Parcequ'il vous protègent de tous les canulars-ciment.
Les champs sont colorés, ils ne sont plus blêmes,
Et les épis poussent tranquillement.
Ils s'appellent amour et liberté
La victoire n'est pas loin de nos baisers,
Elle sème,
Le courage des combats
Des hommes qui n'ont plus que ce droit.
Je ne suis pas une guerrière,
Mais je sais reconnaître celui qui aime errer dans la poussière
Et qui veut engloutir la lumière.
Pour le monde et toi, je couvrirai l'asphalte d'un onguent
Qui ne lui semblera pas dangereux, car il est transparent,
Il s'approchera de cette matière et disparaîtra,
Le vent, les fleurs resteront toujours près de toi :
À cet endroit poussera un nouvel arbre de liberté,
Et des fleurs, qui font rêver,
Qui font se mobiliser

Contre certaines abominations,
Qui ont le culot de s'appeler idéologies.
Problèmes, à la recherche de solutions,
Voilà l'un des sens de la vie
Résister à tous les conflits.
Le système prédéfini d'idées,
Qui se rapprochent de la "Liberté"
Est la dimension cognitive : les dogmes, les croyances
"Je suis humain, je propose des espérances
Entre Dieu et l'intelligence."
Une chose est sûre : Dieu,
Restera Dieu
Aussi longtemps qu'il le voudra,
Rien ne lui est au-delà.
Les dimensions, ou idéologies castratrices
Sont dites morales ou normatives,
Elles laissent des traumatismes, des cicatrices
Qui a le droit de juger ce que j'ai dans mon cœur ?
Je fais partie des gens qui sont assoiffés de bonheur,
Les monstres posent des jugements dont les valeurs
Ne sont fondés que sur ce qui a toujours fait pleurer,
L'humanité.
Parler de moralité,
Devant un être devant toi en train de souffrir,
Perd sa vertu Platonicienne
Il faut lui rendre sa couronne humaine.

L'homme est en droit d'aimer, de rire, de jouir
D'oublier qu'il va mourir.
Les dimensions normatives, de tous ceux qui se croient grands
Sont de terrifiants mécréants :
Ne savent dire que : "il faut on doit"
Et te pointent du doigt.
Moi j'utilise mon doigt pour te montrer toutes les étoiles,
Je ne connais pas leurs noms, mais je sais qu'elles sont d'un astral,
Amour.
Permanent comme la nuit et le jour,
Antoine Destutt de Tracy, philosophe des Lumières
A écouté la voie du peuple français
Des prières,
Des larmes désespérées.
Pour lui, il fut brièvement général de la révolution en France,
Marie Jean Antoine Nicolas de Caritat (dit Condorcet)
Est celui qui tient le drapeau des sciences positives,
Mathématicien, philosophe : il pense,
Il croît en la théorie du progrès
Pour lui, l'humanité connaîtra des joies de pensées festives :
Son but : stigmatiser l'obscurantisme,
Le fanatisme, l'esclavagisme, le despotisme
Et c'est le quatre août mille sept cent quatre vingt neuf,
Que la joie du peuple arrive,
Paris était en liesse sur toutes les rives.
Les principes féodaux furent veufs

De tous pouvoirs,
Une nouvelle histoire,
Commençait à marcher dans les rues de Paris :
Le tonnerre d'un peuple heureux de cette victoire sur le parvis,
De six heures du soir jusqu'à deux heures du matin,
Peuple et révolutionnaires se tiennent la main.
L'idée du duc d'Aiguillon : abolir les droits seigneuriaux,
Au profit de droits nouveaux,
S'étaient levés
Les philosophes cessent d'écrire et parlent aux Français
Parmi eux, on retiendra
Baruch Spinoza,
Philosophe néerlandais,
Issue d'une famille juive, maranne,
Il continuait à pratiquer le judaïsme en secret.
Sa philosophie, cherchait non la puissance du crâne,
Mais définit l'homme par le désir, comme compréhension
De la réalité,
Une critique des interprétations
Bibliques,
Aboutit à une conception
Laïque,
Des rapports entre politique et religion.
La tolérance de chaque liberté.
Son esprit a souvent été célébré :
D'Hegel jusqu'à Deleuze qui le nommait

"Prince des philosophes" : il respectait
La passion humaine, le désir et l'idée,
Voilà ce qui pour lui est premier.
Il est l'auteur de la notion de "conatus" : l'effort
Qui fait réfléchir toujours et encore
Sur la puissance du désir
Qui fait tendre naturellement vers ce qui est bon pour soi
C'est chercher le plus bel avenir,
Le désir est l'un des trois affects primaires avec : tristesse et joie.
Le désir qui me fait vivre pour toi,
Et je l'espère la fin de ta tristesse,
Spinoza ne le savait pas,
Mais il ne faisait que parler de l'amour …
Que mes promesses te donnent chaque jour,
J'ai besoin,
De te faire du bien.
Son éthique et sa liberté ne sont que des caresses
Pour le bien-être,
Je persévère dans mon être
Parce que j'aime ta liberté,
Ton secret :
La raison et l'amour de Dieu,
C'est-à-dire de la Nature
(Deus sive Natura) :
"Dieu, c'est-à-dire la nature."
Plus on connaît le monde, plus on connaît Dieu

Et par conséquent plus on est joyeux.
Et cette joie apporte la connaissance
Qui n'est pas un simple élément introductif,
Elle en fait pleinement partie à l'éthique, à l'actif
Aimer, penser : sont les deux chances
Dont le philosophe parle, elles se conjuguent en liberté.
Spinoza écrit à Schuller :
"Je ne situe pas la liberté dans un décret,
Mais dans une libre nécessité."[3]
La liberté se partage,
Sur la terre des pacifiques et des sages.
Spinoza dans sa pensée affirme : le mal est manque de puissance,
Plus précisément, une privation de l'entendement,
Le mal n'a pas d'existence,
Pour ceux qui s'enferment dans des camps,
La liberté est l'envol des clés dans le vent
Heureux, celui qui comprend que le vent est né pour s'aimer
J'entends son rayonnement dans tout ce que tu sais porter,
Je t'aime, aimer,
Je t'aime en simplicité,
Ta force est la douceur de ta volonté,
Ta volonté est douceur de ta force d'homme,
Je prie pour ne jamais te tendre la pomme,
Je veux te tendre ma bouche surtout pour un plaisir partagé,

---

[3] *Lettre à Schuller*, Éditions de la Pleiade, Gallimard, p. 1251.

À chaque fois, que je t'aime j'oublie la chute et je vois tout briller
Tu es mon respect,
Le corps de mon corps,
Spinoza a inscrit en nous un désir si fort
Que le nom amour chantera encore,
Jusqu'à mon dernier souffle dans tes bras,
Tes bras plein de lumière bleue comme un éclat.
Tu as couvert ma nuit de fleurs,
Et j'ignore pourtant tout du bonheur
De me donner à toi, de te recevoir toujours comme un miracle,
Je vis un rêve, plus simple que la mer : y-a-t'il eu un oracle,
Combien de temps devrais-je attendre aux portes de Dieu, de toi ?
Pour que ce bonheur entre nous, soit ta première fois,
Où tu m'aimeras aussi fort, aussi droit,
Aux yeux des anges, de l'éternité,
Notre amour restera écrit dans des cahiers bleutés.
Je t'aime, tu me fais voler du ciel à la terre :
Chaque soir je lance une prière,
Pour nos galops, au bout de l'univers
Et nous suivent les licornes à la belle crinière,
Tu es ma destinée princière
Tes fleurs sont tes gestes qui espèrent l'amour et la liberté,
Pour les droits de l'Homme, de l'humanité,
Pour la femme que tu aimerais pouvoir aimer,
Et qui existe en toute simplicité.
Je t'ai toujours aimé,

Toutes les nuits,
Je rêve de ta vie,
Tu es le chef d'œuvre d'un moment accompli.
Tu es fort,
Même comme un lion quand il dort,
Tu connais les travers et les torts
De certains hommes,
Qui se disent hommes.
Je croyais que je n'avais pas peur de la mort
Pourtant elle cherche ses proies encore.
Tu es mon seul et tu seras mon dernier rêve,
Pourtant, l'espoir me pousse toujours plus loin sur la grève,
Parce que je sais qu'au bout de la mer, il y a ton horizon
Et j'ai besoin de tes couleurs, car le monde est une fusion
Des couleurs de la vie entière.
Cette vie que j'aime, comme une prière,
Dans un ardent désir de justice pour certains humains,
Je veux connaître les lendemains,
Dans tes bras,
Dans la joie
Laisse-moi voir ce beau visage fleurir de puissance,
Et de tolérance.
Que la Force me vienne de ton amour
Que ta Force te vienne de mon amour,
Et qu'elle nous accompagne toute notre vie,
Car j'aime ton corps et ton esprit fleuris.

Tu embellis les sourires de chaque vie.
Et Andy Warhol, pourrait bien t'admirer
Tu es la beauté que j'ai cherché toutes les nuits sur mon oreillier,
Juste pour m'endormir avec le son de ta voix,
Quelques secondes encore une fois.*

C'est normal tu es né dans une rivière peinte d'un soleil bleu,
Mon soleil fou amoureux de tes yeux,
Pour la même lumière, de toi à moi,
Pour être heureux dans la joie.
J'aime être à toi.
J'aime ton ahabab,
Connais tu l'amour, que nous cherchons avec le peuple arabe ?
Je sais qu'un jour, nous pourrons être heureux.
Si tu as toujours envie d'être amoureux,
Il y a des gens qui ont le cœur vide de fleurs, vide d'amour
Pourquoi n'aiment-t'il plus la lumière et le jour ?
Mon soleil s'ouvre dans mes yeux lorsque je vois le tien,
Mes yeux posent des étoiles qui me viennent de tes mains,
Et je les pose dans les yeux de tous les enfants
Des enfants pleurants ou riants
Qui ne comprennent pas l'ennemi
Et qui ont soif et faim de découvrir la beauté de ta vie.
Je suis une femme, je vis pour eux et pour toi,
Es-tu d'accord pour cela ?
Ton chemin est une colline de cyprès,

Et j'aimerai beaucoup un jour m'y promener,
Voir la vie en liberté,
Une liberté égalitaire sans discrimination.
Avec des rêves, des chansons,
Apprendre à t'aimer
Pour que tu saches comment aimer une fleur,
Les fleurs ont besoin d'amour à certaines heures.
À l'heure, où les gens oublient d'être sincères,
La fleur des enfants est leur âme et leur prière.
Et j'entends leurs rires dans les tonnerres,
Qui ne veulent pas détruire,
Mais construire des empires,
Pour que Dieu espère de nouveaux paradis
Dans un univers où je te vois déjà qui sourit,
Je voudrai te voir sourire toute ma vie.
Tu es cet orage qui donne envie d'accomplir l'amour,
Lorsque je te vois, mon cœur découvre la nature du jour.
Un jour où le soleil de ton cœur chauffe tes rêves et les miens,
Il n'y a rien de plus beau que les jours de tous nos matins.
Ces matins où la force vient de si loin,
Que ne peut comprendre aucun humain,
Sauf un mot : le mot amour
L'amour donne des forces et en réclame,
Je voudrais m'allonger ce jour,
À la présence de ton arbre,
J'ai besoin de me ressourcer

Dans ton silence de marbre.
Où bien des joies vont et viennent, t'acclament
Surtout la joie de t'aimer,
Tu me donnes le frémissement des chevaux, dans les forêts.
Rares sont les êtres que l'on peut remercier …
Avec le cœur, avec la pensée.
Tu es sur ce voilier de la gentillesse,
Et tu comprends les êtres avec tendresse.
Tu sais distinguer la fatigue de la paresse,
C'est là une de tes premières vérités,
Tu es capable, aussi de lire sur un visage la bonté.
Connais-tu cet elixir d'amour qui rend les fleurs immortelles ?
Que certains hommes aiment car sensuelles …
Et qui restent bien plantées en terre,
Sous le tonnerre.
C'est un élixir que les fées ont posé près du ruisseau argenté,
Dont la licorne a toujours rêvé,
Les fées comprennent bien des secrets
Elles les transforment en couleurs,
Elles éteignent la douleur.
Elles ne parlent qu'entre elles,
Et c'est bien une preuve que pour certain la poésie est réelle,
Les poètes ont l'âme fragile et toujours nouvelle.
Arthur Rimbaud posait sur chaque lettre une couleur
A noir, I rouge, U vert,
Des variations qu'Arthur Rimbaud espèrent,

O bleu, I pourpre, U l'alchimie verte de certaines mers,
Ô suprême
Puisqu'inexorablement j'écris et je t'aime,
L'Oméga, rayon violet de tes yeux
Un rayon plus fort et plus doux que le feu.
Qui dessine sur le sable l'histoire d'un amour heureux,
Où tu souffles sur moi,
Pour que je n'ai pas froid.
Je voudrais que la chaleur de ton cœur,
Soit une immense source d'inspiration du bonheur.
Ou sur chaque couleur une lettre, ou des lettrines belles.
Je voudrais que les enfants écrivent le nom de l'arc-en-ciel
Avec des bâtons de lumière,
Ceux de leurs pères, et de l'heure arrière grand père.
Qui sont nombreux,
Perspicaces et judicieux.
Posés à côté d'eux à leur naissance par la réunion des vents,
Pour la chance de vivre et qu'elle soit toujours près de l'océan.
Il faudrait que tous et toutes connaissent ce reflet du ciel,
Il connait le bonheur d'être du monde réel,
Et donne aux enfants le bonheur d'avoir des ailes,
C'est pour cela qu'ils regardent en souriant les hirondelles,
Avec elles ils s'élancent dans les bras de l'amour,
Qui gravite autour du jour.
Mais pas forcément comme l'a pensé Sir Isaac Newton
L'amour gravite dans les cœurs et cela étonne

On aurait l'impression que la terre est amour
Et que tu tournes autour de moi,
Tu fais de l'amour le plus grand roi.
Je te vois chanter la danse du tonnerre,
Tu es la seule lumière,
De mes jours,
Avec qui je veux faire les chemins tout le long de l'amour
Qui sont plus beaux que la plus grande joie,
Et qui se résume en trois lettres TOI.
Tu es l'énergie du ciel, de la terre, de ce que j'aime dans la vie,
Tu es ce scientifique éclairé,
Tu es l'homme né …
Homme de vérité.
Quand on pense électricité,
Tu es forgé dans la science,
Et tu maîtrises le bizarre et l'immense.
Tu penses Faraday
Qui s'intéressait aussi à la spiritualité :
Le cerveau reçoit des influx nerveux,
Moi, je ne vois que tes yeux :
Tu es le rose du ciel, le matin
La fleur que Dieu offre tous les matins,
Je te tends cette fleur, pour être un peu près de toi,
Le monde est vide sans toi ;
Tu es l'espace-temps absolu
L'espoir de sages inconnus,

Le temps qui vit dans mon esprit :
C'est ta vie, dans ma vie.
Cette *"Biche d'amour, gazelle pleine de grâce,*
[Dès quelle voit ta face] …
Et que [mon] amour l'enthousiasme sans cesse."[iii]
C'est toujours le temps d'aimer
C'est toujours le temps d'espérer
Que rien jamais ne te fera pleurer,
Tes larmes sont trop précieuses, pour les sortir de leur coffret
Je veux te protéger, ma licorne a mon porte-clefs,
Elle galope derrière le tonnerre
Quand elle te voit face à un trop grand mystère
Les hommes aussi ont ce sourire devant l'inconnu,
Comme devant la femme qu'ils aiment nue
Je suis devant ta porte, derrière un rideau sacré
Je porte en moi un amour aussi difficile à contrôler,
Que le tonnerre,
Tu es cet amour, cette prière
Qui nous protège dans un blindage électromagnétique,
Notre amour n'obéit à aucune loi humaine,
Il écoute le ciel, qui partage nos joies et nos peines.
Et qui répond par le summum de la lumière,
Le tonnerre.

La licorne bleue et la source

Laisse la rosée des fleurs de ma source,
Rafraîchir ton visage et t'imprégner de la force de l'eau,
Pour tous tes moments de vitesse, tes courses,
Les sources coulent sous tes pas,
Et te donnent le temps de penser à tes plus beaux mots,
Ceux que mon amour veulent t'apprendre dans la joie.
La source est fraîche, la source est lumineuse,
Et je suis heureuse,
Parce que je crois bien que tu m'aimes un peu,
La source de mon cœur porte le reflet de tes yeux
Je veux que tu vois dans mes larmes un sourire ;
Pour que tu comprennes mon passé et mon avenir,
Parce que j'ai besoin de ton rire,
La plus belle source qui chante la justice,
Comme ton père l'a appris à son fils :
Jessé, ben isaï, fils de Boaz, habite Bethléem,
Il a plusieurs fils qui le respectent et qui l'aiment.
Les fils de Jessé défilent devant le prophète,
Et celui-ci devant la pureté de David, stupéfait s'arrête :
David, le plus jeune d'entre eux, devient l'élu de Dieu
Et l'Éternel ne peut s'empêcher de manifester sa joie,
Il a sacré le plus grand roi.
"Dès les temps reculés, l'Éternel s'est montré à [toi] ;
Oui [,disait-il,] je t'aime d'un amour impérissable, [comme moi],
Aussi t'ai-je attiré[e] à moi avec bienveillance."[iv]

Ton éternité, sera pour l'univers entier, une grande chance :
Je vois ta destinée,
À chaque pas que tu fais :
Solennels, réels,
Comme ton vent,
Comme ton océan.
Toi.
Tu es la source de ma première fois,
Je t'aimerai et je te respecterai jusqu'à la fin des jours,
Si un tel amour peut mourir un jour
Tu es l'amour de l'amour,
La totalité des jours de la vie,
Dans une liberté infinie.
Je ne savais pas que je pouvais aimer autant,
Mais c'est toi qui m'a fait redécouvrir la liberté du vent
Quand les sources me rappellent,
À quel point la terre où tu vis est belle,
Il y a ces forêts d'oiseaux dans le soleil de toutes couleurs,
Et ce soleil qui fait monter tes énergies du bonheur
La lumière monte dans ton corps,
Et ton corps aime la lumière de plus en plus fort,
Car toutes les sources du monde entier reflètent la lumière,
Et l'île de Lesbos en est la terre première
Et tu es la source de tous mes espoirs,
Surtout quand la reine de la nuit, fait glisser le soir.
Ta beauté est comparable aux chevaux,

Qui traversent les sources au triple galop,
Ou qui se délassent et boivent de l'eau.
Leurs sabots écument dans la source qui offre la liberté éternelle
Et cette écume rejoint la jument, du cheval le plus amoureux,
(Comme la licorne bleue)
Ils savent s'aimer dans la première existentielle.
"[...] Qu'un espace s'étende au milieu des eaux [...]"[v]
Au milieu des eaux,
L'amour est encore plus doux, plus chaud, plus beau.
Les licornes sont nées dans l'amour d'un ciel joyeux,
Car tous les jours D. voit la vie et est heureux.
Il a créé le bien et le mal
Et la source est bonne, elle est en conjoncture avec les étoiles,
J'ai entendu dire qu'une étoile était tombée dans la source fluide,
Comme les étoiles des druides,
Ou les sources des héritiers des croyances Atlantes,
Ogmius transmet l'apprentissage, dans des sources transparentes
Tout ce qui nous entoure est énergie,
Et l'énergie par définition c'est la vie.
Je protège ton âme, au cœur de ma source de femme,
Ainsi, tu es préservé des êtres qui aiment les drames,
Aucun sortilège ne peut oser te regarder,
Tu es la bonté incarnée,
À laquelle je crois ressembler.
Pour toi, j'apprends le temps
J'apprends en même temps

Que les enfants,
Mais j'apprends pour la force de t'aimer,
Pas seulement pour honorer,
Mon père,
Et ma mère.
J'ai aimé mon père, et je l'aime encore maintenant,
Au-delà du temps :
Il m'a appris la connaissance du commencement, de l'achèvement
La vie est le plus beau travail, pour mieux apprécier l'amour
Et tu es cet amour,
Toi qui chantes devant les éléments :
Une certaine façon d'aimer le temps, frère du vent,
Qui fait frissonner la source à chaque fois,
Que j'entends ta voie,
Et les jours où j'ai de la chance et que je te vois.
Si nous ne maîtrisons pas encore le temps,
Nous maîtrisons l'espace, et la création de l'art.
L'art est un accouchement,
Les muses m'ont donnée beaucoup d'enfants,
Qui à chaque fois ont toujours été béni par ton regard.
Merci, c'est aussi pour cela que je caresse ta vie,
Oui, il y a différents niveaux de vie :
L'altruisme
Ou l'individualisme.
J'ai choisi l'optimisme,
Dans tous les cas.

Pour cela j'aime les sources avec tellement de ce qui fait toi.
Sur elles, flottent des milliers de roses et de parfums,
Tu plonges tes mains,
Chaque matin
À la source de mon amour.
Beaucoup ont essayé d'en déceler le lieu secret
Mais nulle part et partout se trouve l'amour,
Il te suffit d'inonder la vie par un sourire
Le sourire, … la clé d'un heureux avenir.
Seuls ceux qui m'ont vraiment aimée, y sont arrivés,
Mais tu es le seul que je laisse s'y baigner,
Et l'eau coule sur ta peau,
Comme tous les baisers de mes mots.
Je t'embrasse le matin, le midi, le soir
Et même la nuit qui ne m'appartient pas,
Dans laquelle pourtant je te vois.
Il s'agit là, de l'un de mes droits,
J'ai le droit d'admirer tes regards,
Quand ils percent l'obscurité.
Par toi, l'univers reste inaltérable
Sous la perpétuelle variable,
Qui est une nécessité
L'existence,
Nous éloigne des distances.
Et l'influence de l'eau et du feu.
Oui, je te l'avoue dans ma source il y a du feu,

Depuis que tu y as, juste une fois posé tes yeux.
Dans notre amour fleuri, je crois en notre amour antérieur,
Et dans tes vies futures, j'espère participer à ton bonheur.
Je ne sais pas pourquoi,
Mais demain (…), ce sera encore toi.
Notre source coule entre deux arbres, tous deux penchés
Sur ton premier regard et ton infini baiser.
Côte à côte, un peu plus loin un jasmin, et un rosier sont amour
Ils vivent tant la nuit que le jour,
Leurs parfums embaument cette forêt cachée
Les êtres de cette forêt aident les fées à faire régner
L'harmonie, puisque toi et moi ne sommes jamais en duel,
Dans cette forêt, il y a beaucoup d'oiseaux inconnus
Qui d'arbres en arbres portent leurs graînes,
Et laissent courir les plus divinités nues, si belles
Elles ne s'approchent pas de notre repaire, que personne n'a vu.
Car elles et nous n'avons pas la même divinité sereine,
Car nous sommes sans haine.
J'ai besoin de savoir que tu es en paix avec toi-même,
J'ai besoin de savoir que tu saches combien je t'aime,
Pour éclaircir tes journées,
D'une partie de mes journées,
La lueur qui se présente devant toi,
Est issue de l'amour que j'ai pour toi.
La source tinte quand elle te voit arriver,
Pour t'aider à gagner et t'envoler :

Tu l'entends
Et tu comprends
Que la source du destin veut nous voir gagner,
Pour tous ces êtres malheureux,
Qui méritent et espèrent chaque jour être heureux :
Avoir de l'amour dans leur cœur
Puisqu'il est souvent l'heure du bonheur.
Qui se glisse sur l'horloge,
Et l'homme s'interroge …
La puissance du cœur est une source intarissable.
Être heureux ?,
C'est parfois être deux,
L'amour est le droit le plus fondamental, sur ce sable,
Ne pas être humilié,
Ne pas voir ses espoirs brisés.
Et garder la joie de sentir tes sourires allumés,
Être heureux, c'est aussi chasser hors de soi,
La chance de pouvoir extraire ses sentiments bas,
Mais cela D.ieu l'espère tout bas.
Des sentiments qui n'honorent pas la condition humaine.
Il existe des fleurs, près de la source qui chassent la haine,
Ceux qui y ont accès,
Ont une grande responsabilité :
Ce sont souvent des gens qui ont beaucoup souffert,
Et qui attendent autre chose de la vie sur terre,
Couvrir les prairies et les rivières,

Avec ce qui fleurit chaque jour,
En moi et qui s'appelle amour …
Cette force et cette épreuve permanentes
Depuis que je vis et que je chante,
Tu es le seul visage que j'attends
Depuis bien longtemps.
Depuis mes premiers temps.
Le temps n'a de sens pour moi, que s'il s'appelle printemps.
Que si l'on brise tous les anathèmes,
De ceux que l'on a laissé croire que personne ne les aime :
Il faut que tu saches qu'il y a plein de gens qui t'aiment,
Et que la terre entière, tu peux la découvrir,
La parcourir,
Et te laisser emporter par tous les rires,
Par tous les peuples, de la terre
Leurs bouches sont de l'eau vive
Ils rêvent de toucher la rive
Et leurs paroles des caresses, des prières.
Aimer le spirituel,
Lutter contre la misère ;
N'a jamais empêché d'aimer le charnel.
Je rêve de te sentir dans le ciel,
Et je te demande pardon de ne penser qu'à mêler ta source,
À ma source,
Ma source devient plus pure
Chaque fois que je fais tomber un mur,

Chaque fois qu'un enfant me sourit ;
Dont l'état de siège est la force de la vie,
Chaque fois qu'un Galilléen pense aux murailles de Jérusalem
Il ne sait pas que c'est pour protéger les murailles de la ville,
En ces temps, la petite ville de Jébus, et son tunnel d'accès difficile
Avait pour destin de faire résonner sur les murs : "je t'aime",
Et concrètement d'apporter de l'eau à la ville en état de siège,
Que Dieu protège :
Le tunnel de Siloé,
Est un secret.
Jérusalem est restée une ville jébuséenne,
Jusqu'à ce que David, au pouvoir ne vienne.
Il établit une cité,
Les rêves, il les captait
Ta joie,
Était sa joie,
Et la souffrance :
Sa souffrance.
Nombreux étaient les gens qui souffraient
Ils voulaient l'amour,
Les yeux ouverts chaque jour.
Mais quand tu rentres dans le temple de l'éternité,
Si tu aimes vraiment, tu ne seras pas sacrifié,
Mais dans ce lieu saint, la colombe de ton cœur
Porte, certes les espoirs, mais aussi les erreurs,
Je porte la même réceptivité que toi,

Sauf que tu es homme, et moi femme
L'amour que nous vivons, qui chaque jour est là ;
Suscite beaucoup de convoitise et de jalousie.
Certains hommes sont des voyeurs d'âme,
Je t'en conjure, protège notre amour toute notre vie.
Certains païens sont plus respectueux
Et, à leur façon sont heureux.
Chaque fois qu'un païn croit en la réalité des rois qui aiment,
Ils ne sont plus vraiment les mêmes.
La réalité d'un grand roi,
Du roi David dont l'existence est pour les hébreux, une grande foi
Des fouilles à Khirbat Qeiyafa,
Dans la vallée d'Elah,
Les hébreux avaient déjà le respect de l'écologie : Bishvat,
Et une ville aussi sainte que Jérusalem :
Beit Lehem, Bat Lechem : Bétlhéem.
Et Ephrata : le lieu de naissance et de couronnement de David,
En vieillissant, il aura des étoiles sur ces rides.
Dont l'étoile est apparue, se répand, éclate
Dans une grande joie,
Quand les oiseaux vont chercher, toujours au-delà.
Ce sont eux qui ont tracé pour "*David, [montant] à Baala,*
Vers Kiryat-Yeraim de Juda,
Pour en faire venir l'arche de Dieu,
[Le plus beau cadeau qu'il puisse faire au peuple hébreu],
À laquelle est imposé le nom [divin]

Même de l'Éternel, qui siège sur les chérubins."[vi]
Découvertes magnifiques d'archéologues, propres guides
Fascinés par la lignée de David,
Dans leurs sciences et leurs recherches incontestables,
"Mais est-ce qu'en vérité Dieu résiderait sur la terre ?
[Pour mieux entendre les prières …]
Alors que le ciel et tous les cieux [inséparables],
[T'offre] cette maison que je [saurai] édifier"[vii]
Je veux vivre près de l'arche et de toi,
Éternité !
En ce lieu béni, personne n'est condamnable.
Le temple de tous les rois,
Tu es fort, plus que tu ne le crois, tu es mon lion.
Je sais que tu peux aller encore plus loin que l'horizon :
Mon cœur t'attend,
À l'entrée du vent
Et l'océan, en même temps que moi.
Il y a tant de mystères pour toi, de toi.*

Les bois de cèdre, qui viennent du Liban,
Sont soumis aux Lois de l'océan,
Et même si le voyage paraît long,
Ils arriveront au pays de l'horizon,
Alors nous chanterons, nous danserons,
Et nous connaîtrons,
Les baisers les plus longs,

Les étreintes les plus douces, à la source secrète,
Et avec Jérémie, nous ne craindrons plus les Babyloniens,
Le coffre sacré ne verra sa serrure ni fermée, ni ouverte
Juste par la paume du futur roi ouverte.
Jérémie relate un troisième exil et la bataille de Karkemish,
De la domination Égyptienne, à celle de Babylone, la riche.
Le livre de Jérémie : Yirmlyahu
Au roi Joachim déplut,
Il déchire le rouleau et le jette au feu,
Jérémie pleure cache ses yeux,
Et dit à Baruch qu'il doit le réécrire,
Telle est sa mission, la raison de son avenir :
"Tu iras donc, toi, et, dans ce rouleau
Que tu as écrit sous ma dictée, [mots par mots]
Tu liras les paroles de l'Éternel,
En présence du peuple,
Réuni dans la maison de l'Éternel [...]"[viii]
Et il viendra du peuple.
Il viendra d'une source du mont Nebo,
Il ne pleurera pas, il chantera comme un oiseau.
Cet homme, c'est Moïse,
La basilique de son Mausolée est constructions
Et reconstructions :
Le sanctuaire primitif,
Près de plusieurs ruisseaux natifs
Cet homme est né dans les eaux,

Et protégé par d'autres eaux.
D'autres constructions : l'ancien diakonikon-baptistère,
Qui honore la terre,
Décoré de mosaïques par Soel, Kaium et Elijah,
Décorées par le ciel et la terre, de D. le permanent éclat.
Puis deux chapelles,
Personne ne sait quel fut le réel,
Du patriarche
Et de l'arche.
Laissez le peuple juif rêver à ce qu'il sait être béni,
Le symptôme juif est la nostalgie du paradis.
Quand je vois tes yeux, je vois l'arbre de vie,
Et cette vision s'inscrit dans la nuée
De l'amour de l'éternité sacrée.
Je suis le premier fruit que tu pourras savourer,
Et ta bouche, le rêve de bien des nuits.
Le baume qui caresse tes chagrins et te fait revivre la vie.
Pour découvrir encore plus de roses,
Et savoir défendre les causes,
Des peuples pour qui le chemin libre est interdit …
Tu es Nokim, le "vengeur" qui condamne les nazis,
Tu luttes contre la source du mal,
Pour un roi, c'est un quotidien normal.
Pour me voir encore danser dans tes ruisseaux fleuris,
Ton objectif de guerrier :
Plus aucun criminel de l'humanité,

Ton objectif d'homme,
Rester toute la vie dans l'espace de l'exigence, la dignité d'homme
Celui que ma féminité cherche avec les bras ouverts d'une femme
Prendre les enfants un par un et écouter leurs âmes,
Et dans l'intimité, pensant à toi ne plus se poser de questions.
Laisser monter ses douces pulsions.
Mon être est bon
Et se révolte pour les quinze, vingt millions
De gens majoritairement juifs qui sont morts dans ces camps,
Adultes, vieillards et enfants.
Les Nokim existent pour pallier à l'injustice mondiale :
L'impunité quasi-totale,
Dont ont bénéficié les tortionnaires :
A secoué la terre d'un grand tonnerre :
Trois millions et demi d'entre eux ont été inculpés
Et, parmi eux deux millions et demi d'entre eux furent relâchés
Sans être jugés !
Les alliés avaient identifié treize millions de nazis,
On peut rester ébahis :
Pourquoi les alliés ont-ils renoncés
À poursuivre les condamnations que les victimes réclamaient ?
Un spécialiste de l'holocauste : David Cesarini répond
Cela aurait pu aboutir à presqu'une totale incarcération …
Des Allemands,
Parmi lesquels on dénombre de si grands savants et musiciens
Leur art interpelle le pardon, procure un soutien

C'est la réponse de l'intelligence,
Peut-être une divine immanence …
L'encouragement devant la justice de ces Nokim
Qui décidèrent de faire justice eux-mêmes :
Puisqu'ils savent ce qu'ils aiment.
Le groupe a débuté en poursuivant des individus, sus nazis
Les cibles étaient exécutées au nom de toute la survie,
La plus grande opération est celle du Stalag treize
Mais cela suffira-t'il à juger ceux qui sont planqués ?
Oui, répondent les vengeurs aux yeux de braise.
Des miches de pain furent empoisonnées
À l'arsenic, et un millier de nazis furent supprimés.
Dans leur victoire, ils coupèrent l'eau de cinq villes allemandes,
Comparativement à ce qu'ils firent, c'était une offrande !
Les victimes de près ou de loin de la shoah
N'oublieront pas,
Le nom de Chaim Weizmann kover
Qui a sauvé la dignité, l'honneur
Et reste un nom inscrit dans le cœur des juifs, défenseurs
Des droits de l'Homme qui ont su se faire valeur,
Ainsi Chaim Azriel Weizmann, chimiste par là-même
Pour la justice elle-même
Met au point un mécanisme, pendant la première guerre
Un mécanisme de fermentation bactérienne, plus efficace
Que la prière.
Il produit des grandes quantités d'acétone, essentielles

À la fabrication d'explosifs pour les alliés,
Parfois, il faut savoir faire face.
Avant les années quatre vingt dix, il participe au premier congrès,
Dit "sionniste" : se battre pour que l'horreur devienne un passé
L'humanité ne l'oubliera jamais,
Nous ne voulons pas être tués, comme tous les Hommes nés.
Il rencontre Khosev HaMedinah,
Qui signifie visionnaire de l'État,
Ils œuvrent pour mettre en place l'idée d'un état juif heureux
Ce peuple vieux,
A toujours été persécuté.
L'espoir en Chaim Azriel Weizmann, l'a porté à la tête du pays
La politique pour une fois en accord avec la vie.
Entre mille neuf cent quarante deux et quarante neuf
Cet état ne sera jamais veuf.
Sa femme s'appelle résistance, elle est intemporelle.
Aussi puissante que la mer éternelle.
Théodore Herzi dira plus tard que l'affaire Dreyfus l'a motivé
Il estime absolument nécessaire la constitution, la réalité
"la constitution d'un abri permanent pour le peuple juif",
Cette terre si belle, ou comme partout les enfants sont naïfs
Khozev HaMedinah écrit un livre : *L'État juif*
Parfois le silence, d'être juif,
Parce qu'il y a toujours cette peur,
Mais a toujours brillé l'étoile dans leur cœur.
Je voudrais vivre dans ton cœur,

T'aider à ne plus refaire les mêmes erreurs,
Et rester toujours un homme d'honneur.
Je porte mon destin d'amour vers toi
Homme d'amour qui défend les droits.
Puisque la commission des droits de l'Homme des nations-unies
N'a pas suffi.
Le combat continue
Et ne s'arrêtera plus,
Le Mossad a les yeux partout,
Pour que le monde reste aussi beau qu'il peut être doux
Et les hommes courageux,
Sur l'affaire Dreyfus ont posé leurs yeux :
Le capitaine Alfred Dreyfus accusé de trahison
Fut victime d'un complot il paraissait être un espion
Qui aurait prétendument livré
Des documents secrets français,
À l'empire allemand.
Qui, il faut le dire, n'était pas fait que d'horribles êtres malfaisants
L'affaire rencontre au départ un écho limité
Avant la publication d'un pamphlet dreyfusard écrit par Émile Zola
Dès lors la France fut divisée en deux moitiés
Pendant douze ans : la France était en éclat,
De mille huit cent quatre vingt quatorze à mille neuf cent six,
L'affaire Dreyfus s'achève bien en mille neuf cent six,
Puisque cet homme est finalement innocenté
Et reconnu avec des yeux enfin en paix …

Par un arrêt de la cour de cassation,
La plus haute juridiction.
Mais pour cela, il a fallu qu'Émile Zola écrive : *J'accuse*.
Toute la force d'un écrivain naturaliste, ses ruses
Cette affaire reste l'un des exemples les plus marquants
D'une affaire judiciaire connue mondialement.
Par la voix de l'opinion publique et de la presse.
Théodore Herzi accomplit des prouesses,
À la moindre audition d'une plainte.
Il aime
La justice et Jérusalem.
Cette terre est miraculeusement une terre sainte,
Et mérite un destin doux :
Doux et heureux quand on dit à un homme qu'il n'est pas fou.
Ce que cet État a apporté aux hommes comme force d'amour,
L'espoir de l'homme et de la femme de s'aimer un jour,
Avec leurs corps, leurs esprits en liberté
Je veux être libre de t'aimer,
Assise sur un croissant de lune,
Ou en foulant du désert, les plus grandes dunes
Dans le désert, il y a de très très rares fleurs,
Il y a le regard du créateur,
Et les plus belles fleurs que tu puisses m'offrir
C'est de croire en Dieu, son présent, son passé, son avenir,
Il est toujours là, il se promène dans le temps,
Pour bénir ou punir, en regardant le visage de ses enfants,

Dans tes yeux, il redécouvre son océan,
Dans tes cheveux, il redécouvre le vent
Et dans mon cœur, il lit beaucoup de pardon et d'amour
Un amour sans démesure, mais totalement fou,
Plus lumineux que le jour,
Les jours où le désert souffre avec ses compagnons,
Lorsque nous allons au bout, devant nous
Et que pour les prêtres du désert, la source est l'horizon.
Par leurs bouches sortent de l'eau vive ou de l'eau vierge
L'eau vive est la semence du ciel qui émerge,
Assure la fécondation et la création des espéces,
Naturellement et se partage le ciel avec tendresse.
C'est la vie qui revient vers demain.
J'en recueille dans le creux de mes mains,
Et je cours jusqu'à toi, c'est le premier baiser du matin,
C'est un honneur de soulager tes besoins,
Toi, dont je suis peut-être le secret …
Je ne saurai jamais,
Est-ce l'amour qui t'a dit où aller ?
Tu m'as délivrée,
Tu m'as dans un long baiser,
Rendu ma dignité
Et j'ai découvert cette étrange couleur,
Que l'on appelle bonheur.
J'ai pris en quittant l'Égypte, une fleur appelée mandragore,
Aphrodisiaque depuis qu'elle se mêlera à ton corps

Car ses trois sépales qui flottent sur l'eau sacrée,
Te font quelquefois chanter et surtout aimer.
Laisse-moi appeller les sources de vie,
Pour la douceur de tes nuits.
Accompagné d'un cortège d'anges, tu accompliras ton destin,
Et tu vis depuis chaque matin.
Tu existes dans toutes les forêts, sur les plages et crée l'étoile.
L'étoile de lumière pure qui anéantit le mal,
Je tremble devant ta puissance géniale.
Les plantes, les fleurs nous regardent, elles tremblent
Saurons-nous porter ensemble,
Cet amour fort comme les cascades qui font rouler les pierres ?
Qui donnent aux fées, le goût de la prière :
Pour la terre, pour tes sources si pures,
Qu'elles viendront avec nous, dans un temps qui perdure
Jusqu'à la découverte de nouvelles écritures.
Les prophètes auront simplement changé la nature,
De ta prière vers la passion.
Tes mains raisonnent dans les visions
De la direction,
De leurs rayons
À présent ils iront à la source même de la pureté,
Tes mains que je ne cesse d'implorer.
Dieu descendra du ciel pour venir dans le monde,
Toutes les femmes seront fécondes,
Et aimeront leurs enfants,

Presque autant,
Que je t'aime toi :
Je sais que tu peux faire naître les sources dans tous les bois,
Où nous irons nous ébattre toi et moi,
Je pourrai jouer dans tes bras,
Te sourire et t'embrasser,
Chaque fois que tu seras emporté par ma pensée,
C'est-à-dire tout le temps !
Peut-être pourrais-je choisir,
Celle où je veux rire.
La pensée surprend,
Elle déclenche un moment dans le temps.
Mais le temps n'est jamais un hasard,
C'est un message de tous les instants, de tous les espoirs.
C'est toi qui me fraiera un chemin parmi la forêt
Ton cœur sait parler, et tu leur fais connaître le vent : aimer.
Pour m'attirer à la source qui t'est invitée,
C'est bon la nudité dans la source aimée,
C'est comme faire l'amour avec son être désigné ;
Cependant, il y a des dangers,
La première source dont parle le texte orphique,
Et dont il faut se garder, et comprendre le mythologique
Est celle du Léthé qui endort,
Dans le sommeil de la mort.
Il s'agit de choisir : le mythologique,
Le mythologique qui nous vient du monde antique

Est le mélange de la parole (mythos) et du (logos) discours
Utilisé pour désigner des ensembles de figures parfois avec amour
Lorsqu'elles sont humaines, ou monstrueuses ou divines
Brassées de systèmes religieux des civilisations que l'on devine,
Plus ou moins éloignées dans un espace et un temps
Qui n'ont été emporté par aucun vent.
En particulier par l'évhémérisme : du mythographe Évhémère,
Surnommé l'athé et le visionnaire.
Comment savoir, si l'on ne connait pas ?
La recherche de la connaissance est le plus grand pas,
Il existe des chercheurs qui découvrent et n'abîment rien,
Justement qui veulent sauver ne serait-ce qu'un brin …
De fleurs capturées par des dieux personnages réels
Sacralisés après leurs morts, dans des légendes fascinantes belles
Jusqu'à devenir une source de symbolisme absolu et universel.
Sur l'île Panchée on peut contempler une colonne d'or
Sur laquelle la vie a chassé la mort
Y sont rapportées des actions de divers hommes,
Dénommés tels des dieux,
Mais qui sont morts comme des hommes
Certaines sources raniment les morts, alors vivent près d'eux ;
À tout jamais les fées presqu'aussi belles qu'Aphrodite.
Près d'elles sont posées les tablettes orphiques,
Aux abords d'une source fraîche et magique,
Ainsi, mortels les dieux d'Évhémère sont de faux dieux,
Cependant, parfois Zeus invite,

L'un d'entre eux.
Et ils lui disent : je suis l'enfant de la terre et du ciel étoilé,
Je vis dans ce monde pour aimer.
Tu jouais dans l'eau autour de Panchée
Au moyen-âge ou à la Renaissance et tu fus vénéré
Sans le savoir, pour toutes tes qualités ;
La fiction des mythologues rejoint quelquefois la réalité.
Sous l'amplitude de rationnalité et de postérité,
Les mythes ont permis entre autres, de les conserver
Ces pensées antiques, ces amours, ces guerres
Avec ou sans prières,
Grâce auxquelles Jean Seznec, dans sa thèse de doctorat
Écrit une réflexion philosophique,
Sur des idées mythologiques
La vie, la survie et revie des dieux[4]
Sommes-nous leurs jouets heureux, malheureux ?
Au moment où la France entre dans la dernière guerre mondiale.
Tous ces combattants, trouvent dans la maison du dieu des enfers,
Près d'une source et d'un cyprès blanc, bien planté en terre,
Il y a deux sources : le marais de la mémoire,
Des gardiens se trouvent devant elle, matin et soir,
Et moi qui fais partie de ton histoire
T'éloigne de ce lieu, car tu es innocent
Et que tu as le droit de vivre un très long moment

---

[4] Jean Seznec, *La survivance des dieux antiques,* librairie Armand Colin, 1956, p.280

De savourer l'amour sur l'océan,
De rêver à de très longs enlacements,
Parcontre il existe une source divine, tu boiras
Et tu iras régner ensuite parmi les héros.
Et je connaîtrai cette joie,
De te faire danser sur l'amour qui parle aux mots.
Dans les cultures traditionnelles,
La source symbolise la vie, dont l'origine sera toujours belle,
Et comme elle est habitée par les forces de la vie
Elle confère à tous la possibilité du génie,
De la puissance humaine
Qui face à la guerre, hésite entre la non-violence et la haine,
Rien dans l'histoire n'a posé de solutions,
Si ce n'est de surveiller le monde par avion.
C'est mieux de protéger les saisons de l'amour,
Pour que la Terre ait la chance de vivre toujours,
Près de moi,
Près de toi.
Cette source donne à tous les êtres qui rêvent de s'aimer,
La grâce, le bonheur, et le souvenir de leur éternité,
Cet homme c'est toi,
Cette femme c'est moi.
Et nous cherchons toujours de la douceur pour notre inconscient,
Puisque là règne notre adéquation à répondre aux temps.
L'inconscient, la mémoire reçoivent toutes les sciences,
La source, dont il s'agit est bien la source de la connaissance :

L'esprit a connu la source, et la source connaît l'esprit
Mon esprit n'a de cesse d'imaginer ta vie,
Je te laisse les secrets de ton passé,
Mais je veux juste te montrer,
Ce présent qui nous attend,
Depuis la nuit des temps,
Parce que l'amour a un passé infini,
Tu es le roi de mon pays.
Et tu seras métaphore, puis divinité,
Le paradis n'a jamais cessé d'exister :
Isidore de Séville cherchera à situer les dieux dans une histoire,
D'un monde réfléchi en cinq parties que tu peux lire le soir :
De la création au déluge,
Un commencement qui juge,
Les hommes du déluge à Abraham
Et du patriarche aux rois,
Dont le pouvoir est un choix,
Ainsi que toutes les âmes
Et le temps (?) conduira Abraham à David
Et de David à la capture de Babylone, et la licorne guide
Le peuple de la captivité à la naissance de Jésus
Aucune vérité n'a jamais été aussi nue.
Une vérité, qui pour certains s'appellent perfection,
Contenue dans un nom,
Prononcée partout
Avec des grands yeux et des chants très doux.

Et pour Cicéron, auteur de De Natura Deorum, les étoiles restent
Source d'imagination,
De réflexion,
De preuve d'amour :
Je te donne mon étoile, elle a cinq triangles plus un
Qui ouvre la porte du temple de mon cœur.
Chaque instant, chaque nuit, chaque jour,
Tu tournoies dans le vent en chantant pour que vive l'amour
Tu es dans mes matins,
Je protège tes mains.
Dans mes rêves de bonheur
Qui envahissent mon être de fleurs,
Et c'est bien toi qui leur apporte source et lumière.
Nous nous sommes rencontrés, près de nos ancêtres, la prière ?
Je t'aime dans ma mémoire, dans mon inspiration,
Je t'aime quand le soleil ouvre les prisons,
Je t'aime, tu es le poème
De toute ma vie.
Et chaque jour le vent sème
Des océans de rêves et de pluie.
De cet espace temporel à la vision de ton arbre lourd de fruits.
Tu peux nourrir toute la terre,
Libérer les femmes prisonnières
Trouver les mots pour expliquer la guerre aux enfants,
De tous ces petits,
Qui seuls n'ont pas la force de combattre les nazis,

Mais participe à la liesse lorsque le maréchal Keitel capitule,
L'horreur recule :
C'est la Victoire, il utilise ses mains non plus pour décimer,
Mais pour signer
La capitulation
Sans condition
De l'Allemagne nazie.
Wilheim Keitel au procès de Nuremberg a été condamné à mort
Pour plans concertés, complots,
Crimes contre la paix,
Crimes contre l'humanité,
Et crimes de guerre encore,
Le huit mai mille neuf cent quarante cinq, le plus beau mot :
Libération : c'est la fin du régime de Vichy.
Mais tout cela n'a jamais empêché les oiseaux
Quand c'est la fin de la nuit
De chanter et la colombe de roucouler.
L'écrivain Jean Seznec est réédité
Le conflit continue, même si Paris est libéré …
C'est la bataille des Ardennes …
Les intellectuels n'ont jamais compris cette haine
Ni empêché les hommes de faire l'amour à leurs femmes
La réflexion n'est rien sans amour.
Je passerai ma vie à chercher pour toi, ces printemps, ces jours,
Comme si chaque jour,
Était le jour J.

Vive la vie !
Même si elle doit passer par la survie :
Se cacher, former un réseau de résistance
Et prier pour l'enfance.
Toutes les victimes de la shoah,
Ne comprennent pas :
Et ne savent plus à qui demander pourquoi.
Je sais que je ne saurai jamais,
Mais je sais que tu peux m'embrasser,
Mon amour pour toi,
Ne mourra jamais :
Viens dans ma source douce, te reposer
Et m'apprendre à penser.
Quel est le mot universel pour dire : "Plus jamais ça !" ?
Puisqu'il n'y a pas de réponse rationnelle à cette folie là.
Le régime nazi censé durer mille ans,
Ne durera que douze ans.
La dictature expansionniste et totalitaire
Du monstre Adolph Hitler
A commencé en mille neuf cent trente trois
Six millions de personnes, juives, tziganes et d'autres fois
Périssent, mais certains survivent et racontent
Le cauchemar des camps de concentration
Et des camps d'extermination.
Le parti national socialiste est fondé dès mille neuf cent vingt
Il a fallu treize ans pour que des hommes deviennent inhumains.

Que Dieu leur inflige la plus grande honte.
Cependant environ quatre vingt réseaux ou hommes résistèrent
Vigoureusement. Certains combattants en prières :
L'Église catholique, les étudiants de la Bible,
L'union évangélique des jeunes, indivisible
Le prédicateur de la cathédrale Saint-Pierre de Ratisbonne
Et l'Église protestante en Allemagne.
De fait, il y avait de nombreuses personnes bonnes,
Qui partaient en campagne,
Contre ce que le troisième Reich voulait installer
Au monde,
Mais la terre est sacrée,
Et elle fut entourée d'une ronde,
De justice efficiente,
Ils avaient dans leurs esprits, l'intelligence et la révolte confiantes,
Merci aux alliés, merci à eux aussi,
Qui contribuèrent incognito à la disparition de l'infamie.
La simple puissante parole biblique :
Il est faux d'associer paganisme à mythologie,
La mythologie avait des visages humains de vie,
Le paganisme, non comme certaines légendes celtiques.
Le paganisme existe peut-être, mais aucun vestige n'a été certifié,
Et a autant d'adeptes que le monde peut accepter.
Les philosophes de l'antiquité parlent au nom de certains dieux,
Certains sculpteurs ont excellé dans leur art majestueux
Mais qui a réalisé les statues de ces sculpteurs ?

Probablement d'autres sculpteurs.
La Grèce antique aime la beauté, les arts, les défis
Du haut de l'Olympe, les dieux regardent nos vies
Ils procurent bonheur ou malheur,
Mais certains dieux sont plus cléments,
Dans leurs jugements.
Parmi les sculpteurs grecs ont été établis dix qui ont fait briller
L'univers de la beauté,
D'hier à aujourd'hui,
D'extraordinaires traces de vie.
Boutadès de Sycion, à l'origine de la sculpture en relief,
Se détache de son support,
Comme une nef,
Est soulevée par les vagues sans efforts.
Léocharès d'Athènes a représenté deux dieux et une déesse :
Zeus, le dieu,
Des dieux,
Aimait certaines femmes comme des princesses
(Mais Aphrodite toujours présente faisait naître l'amour,
Pour tous les hommes et toutes les femmes chaque jours).
Apollon,
Dieu de la guérison
Diane, déesse de la chasse.
Né à Paros, Scopas
Évoque Héraclès, qui de sa force embrasse
L'Olympe et devient héros, un demi-dieu

Comme toi, qui chaque jour fait de son mieux,
Pour purger la terre de ses monstres et espèces maudites,
Alors il sculpta la déesse Aphrodite
Dont la beauté, et l'amour sont si grands
Qu'ils ne peuvent être imaginés par les vivants,
Elle est née de l'océan, c'est pour cela.
C'est une merveille qui sent quand l'amour est là,
Peut-être un jour, elle comprendra
Depuis que l'océan l'a fait jaillir.
L'Éternel s'accorde avec elle pour notre avenir.
Tu es l'un de ses sourires,
Parce que ton rire est un soupir,
D'amour, comme la création l'a voulue.
Et nous sommes de ceux qui obéissent toujours à l'amour
Quelque soit le degré, la moindre parcelle des contours
De la contrée du pays d'amour,
Où je t'ai rencontré,
Tu m'as expliqué qu'il existe la guerre, mais aussi la paix,
Et que chaque seconde mérite de chanter l'amour
Et nous devons œuvrer pour donner courage chaque jour.
Il fut une nuit, il fut un temps
T'en souviens-tu le sable était blanc ?
Scopas a sculpté également Apollon, et lui aussi était présent
Dieu du soleil
Il a fait de toi, une merveille
Si je pouvais avoir une statue de toi,

Tout le temps près de moi,
Je caresserai ce bronze, cet or,
Et tes idées s'allumeront encore
Une certaine idée du bonheur : j'espère mon amour
Tout ce que tu aimes seras de retour,
Je parlerai à ceux qui t'ont fait mal, et je leur dirai de s'excuser,
C'est irrationnel de faire autant de mal à autant de bonté.
J'accéderai à ce qu'Aphrodite appelle beauté,
Pour tous les siècles qui vont s'écouler.
Laisse les chevaux galoper,
Le vent que je lance comme des baisers.
Et qui t'insuffle le courage, et la joie, je ne te quitterai
À aucun moment, je t'aime comme tu peux rêver,
C'est un phénomène naturel,
Les révélations de la nuit pour toi, sont toujours belles.
Pour Scopas Hécate est comme Diane, déesse de la lune.
Mais Hécate est une femme blonde ou brune ?
Elle est fille de la nuit étoilée, la Titanide Astéria,
Les Érynies qui sont aussi représentées
Cessent de condamner
De plonger dans l'effroi
Et pour toi, deviennent douceur, pleines de roses de nuit,
Toutes les étoiles viennent et s'y associent.
Et remplissent le ciel de douceur et de soins :
Asclepios, le dieu-héros médecin
Comprenait les signes du ciel et de la terre,

Qui pouvaient faire souffrir les hommes ses frères.
Un autre sculpteur du nom de Myron,
Né à Éleuthères,
Vouait un culte et représentait Athéna, désse de la raison.
À Marsyas, avec lui il rendit hommage aux rivières.
Puisqu'on ne peut sculpter, tout ce qui coule sur terre ;
Le mouvement est réduit à un instant,
Et le marbre et le bronze éclaireront toujours le temps !
Les douze travaux d'Hercule posent à nouveau le quiproquo
Homme, dieu ou héros ?
Lysippe sculptait le surprenant,
Dyonisos enfant,
Hermès messager des dieux
Éros, muni de son arc, qui rend les mortels amoureux.
Praxitèle à Athènes,
Refusait de représenter la haine,
Puisqu'il représentait des dieux de messages et d'amour,
Il sculptait probablement dans l'or de la lumière du jour.
Aphrodite la belle,
Hermès aux pieds arrangés d'ailes
Ne cesse de voyager du ciel à la terre,
C'est le destin qui l'élève hors de la poussière.
Tu portes en ton esprit, les secrets des dieux,
Il s'infiltre partout,
Il connaît tous les coins de l'Olympe.
Et il est heureux,

Il vole sur des vents doux
Il raconte aux hommes, que l'Olympe,
Est une montagne qu' ils peuvent rêver qu'ils grimpent,
La statue d'Hermès a été mutilé,
L'affaire des hermocopides dont les Athéniens ont parlé,
Et qui est venu jusqu'à nous.
Et … la statue d'Hermès est toujours debout.
Peut-être sa sculpture d'Apollon à soigné Hermès le messager,
Il est aussi dieu de la guérison : il veut préserver la nécessité,
Des échanges entre les Hommes et les dieux,
Il choisit les vents les plus vieux,
Pour que le chemin de l'océan ne soit pas détourné,
Et que les vagues aillent caresser Éole,
C'est dans le vent qu'Hermès distribue ses paroles,
Les philosophes devraient nous apprendre à voir le vent,
Qui porte en lui toutes les fleurs, tous les messages,
Hermès est aussi libre que le vent qui affronte le temps,
Depuis que je suis née, je voyage dans ses flancs
Et je suis toujours sage dans ses bras,
Puisque je sais que tu crois en moi.
Et que tu dois trouver la force de roi
Un roi qui évite toujours les combats,
Et qui confère à Diane par ma voie,
Le baiser, les gestes qui ne tuent pas.
Je te nourrirai du miel des fleurs,
Et tu oublieras tes douleurs,

Je suis sur ta route pour le plus grand bonheur,
De ta vie,
Donc de ma vie.
À ma source, tu trouveras toujours courage et vigueur,
Je serai toujours là avec cette fleur,
Qui te rendra de plus en plus fort,
Puisque je t'aime encore et encore.
Je t'aime plus que ma vie,
Tu m'as donné l'éternité,
Et je veux être ta sculpture intérieure : tes énergies,
Je te donnerai la volupté, l'amour quotidien et étoilé
De chaque instant,
Tu es brillant,
Tu portes le soleil du vent.
Et j'ai posé dans le petit panier de Callimaque d'Athènes
Toutes tes haines,
Et j'en ai fait des glaives,
Pour que tes rêves,
Soient des rêves d'amour.
L'inconscient a tellement besoin d'amour
Pour que l'Homme se tienne debout
Et plus jamais à genoux.
Silanion,
Dévoue son art,
Au grand Platon,
Et à la poétesse Saphon.

La philosophie aime la poésie,
Car la poésie naît chaque instant,
J'aimerai tant être le poète exclusif de ta vie,
Je comprends ta souffrance comme la vague sur le vent,
Il me suffit de te voir,
Pour savoir,
Que tu mérites les couronnes de la gloire.
Oui, toutes les fleurs de l'univers, pour te caresser le soir,
Si les sculpteurs parlent aux dieux,
Tu parles, du bonheur que tu me donnes en regardant mes yeux,
Plein de cet arc-en-ciel, qui vient comme un orgasme,
Une fusion d'amour, comme une fée qui dans un spasme,
T'ouvre grand les portes de notre futur
Sous un ciel immense et pur,
Parce que c'est toi,
Et que tu es à la fois mon ciel, ma terre et ma loi.
Enfin Bryaxis d'Athénes
Crée le bas relief de marbre, d'ébène :
Ce sont des portraits plein de force et d'exactitude,
Il travaille avec justesse et certitude.
Les vrais artistes ne peuvent mentir,
Et n'ont pas peur de mourir,
Car leur cœur est habité par un amour respectueux,
Des êtres qui chantent et se fleurissent mutuellement les yeux
Et, de la vérité,
Et ils ont tous leurs chansons d'été.

Ma chanson pose les sources du monde entier,
Tu connaîtras toujours les chansons azurées :
J'ai posé un rossignol au pied de ton lit,
Il chante pour toi,
Comme j'écris pour toi.
Les oiseaux connaissent les secrets de nos vies
Car dans le ciel,
Le temps s'entremêle
Notre futur devient leur passé,
Et le présent un arbre d'immortalité.
Ils avaient la liberté,
Au bord de leurs bouches
Et leurs navires touchent,
Des côtes vierges,
Desquelles émergent,
La source de ton sourire,
Qui s'étend sur l'océan, et recrée un nouvel empire,
Puisqu'il voit les sources et les océans
Se calmer après les ouragans.
Les grécistes, sont souvent des artistes philosophiques :
Sérapis est une divinité syncrétique
Créée à l'époque héllénistique,
Par Ptolémée premier,
Il est l'une des divinités les plus aimées.
Il est issu de la fusion de cultes, de religions, de philosophies
Les grecs n'avaient pas de dieu unique,

Mais bien avant les allemands créérent la métaphysique.
La métaphysique est une science qui étudie la vie,
Sous différents voiles : pour Kant la métaphysique
Est la science qui contient
Les premiers fondements
De ce que saisit le savoir humain.
Elle est science des principes de l'étant
Et non pas des principes de connaissance.
L'être humain existe, avec ou sans science.
L'amour serait donc métaphysique ?
Je t'aime au-delà lorsque mes axones
Envoient la lumière à tes milliards de neurones
Et à ton cœur,
Que j'ai toute la vie pour connaître par bonheur,
Si le rossignol veut bien que je l'écoute.
Je suis sur ta route.
Tu as, une incandescence solaire,
Dont la source de lumière,
Se propage dans les bras de l'amour,
Source du jour
Les sources coulent par la, (les) puissances divines.
Dans mes rêves, je bois un peu de ta source d'amour,
Et je découvre un monde sans épines,
Tu es plein de fleurs
Et c'est toi qui délivra le christ de sa couronne d'épines
Parce que dans ton sang coule la force de l'extraordinaire.

Tu es l'homme qui m'apprends l'univers,
Et moi, je t'apporte la source de mes questionnements,
Tu sais parfois qu'elle va être ma question,
Tu lis dans mes yeux d'enfants,
Et je t'entends depuis l'horizon.
Tu connais les mystères,
Mais tu ignores le feu de mon amour-prières
Pour toi.
Même moi, je ne comprends pas,
J'avais soif d'amour et de fraternité,
Et j'ai bu un peu de la source d'humanité,
Point de départ de ta vérité.
Tu portes les sources qui parlent aux divinités
Et moi toutes les nuits je regarde les anges choisis par les fées,
Pour te raconter l'histoire de mon amour né,
Le jour où mon père,
Ne m'a plus parlé de la mer.
J'ai continué à aimer
Alors j'ai cherché pourquoi,
Et, ton visage est apparu devant moi.
Et je t'ai retrouvé encore une fois,
Lorsque j'ai vu tes bras,
Lorsque tes yeux m'ont laissé voir la source d'un homme doux,
Et j'ai découvert l'amour le plus fou,
Avec lui-même,
Avec moi,

Pour les autres rois.
Et les autres hommes justes qui l'aiment,
Parce qu'ils protègent les femmes et les enfants.
Les enfants des sources essaient d'attraper le vent,
Moi j'ai attrapé les rayons de ton amour,
Au-delà de toute science,
Juste dans la lumière du jour,
Le jour la plus fidèle présence,
Je veux t'ouvrir les portes du plus beau jour.
Et je veux te livrer un secret,
Je sens ton esprit penser.
Et tu as un encéphale, protégé par un crâne d'or
Où l'Éternel a dessiné les fleurs de l'amour le plus fort.
L'intelligence habite la terre
Dans le sens où la source est la première
Diffusion d'énergie,
Du plus beau cadeau de Dieu, la vie …
Les animaux, les plantes, les outils informatiques,
Font preuve d'une certaine forme d'intelligence.
Ils s'adaptent à l'humain, quand ils se font licorne bleue.
Mais quelle différence entre comprendre et sentir le théorique ?
Les plantes et les animaux sentent lorsqu'on les nourrit,
L'outil informatique comprend, puisqu'il commet des erreurs,
L'humain quelque fois choisit le bonheur, lorsqu'il est amoureux,
Et le bonheur
N'est jamais une erreur,

Si elle existe il la prend dans ses bras si tôt,
Qu'il corrige aussitôt.
Il existe paraît-il, une source, la source du bonheur,
Qui converge de mon cœur,
À ton cœur,
Elle rassemble autour de nous des milliers de fleurs,
Et nous laisse voir certaines couleurs
Qui n'existent qu'au sein de notre amour,
Pour lequel, je vis dans tes rêves,
Lesquels s'évaporent avec le jour
J'aime tes rêves,
J'aime tes matins,
Tout ce que tes mains touchent, les fées les rendent plus douces
Tu marches et autour de toi poussent,
Des graînes qui t'appellent tous les matins
Et qui t'habille de satin.
Je suis bien dans ta source,
Je veux être la vestale de toutes tes ressources
Pour que ta force ne disparaisse jamais,
L'éternité nous a accepté.
Tu es un soleil dans la vie de chacun
Tu es ma plus belle tautologie,
Je te propose ma vie.
La vie est une source magnifique,
T'entendre, te regarder relèvent du plus élémentaire magique.
Laisse-moi découvrir ton corps, fleuri par des milliers de fleurs,

Je t'en prie, parle-moi, dis-moi pourquoi tu pleures,
Tu sais, la source de la vie
Est infinie,
Tu es fait pour galoper jusqu'aux portes de la victoire,
Une victoire récompensée par le sourire des anges bleus
Ceux qui exaucent les vœux, que ta mémoire fleurit les soirs,
Lorsque le silence pleut ;
Même dans le plus profond de tes silences,
Et même dans mes espoirs les plus intenses,
Il y a de bien mystérieuses convergences.
Notre source ne sera polluée par aucune arme,
Juste par la douceur de ses fées, et les charmes,
D'une intelligence totale que tu maîtrises,
Parce qu'elle est décuplée par notre amour intemporel,
Notre source est sous l'emprise
Du delta de Dieu,
Puisse-t'il protéger l'océan des feux,
Le cœur doux et sensible des amoureux,
L'empire des courageux, des fidèles
Qui posent deux triangles, qui proviennent de ton existence réelle,
Parce que tu es une entité qui a su vaincre les phillistins,
Un combat qui a connu trop de matins,
Et toi champion, parmi les champions
Tu vaincs les monstres et les rois.
C'est ton destin, encore une fois,
Et je suis totalement admirative devant toi.

Tes victoires sont la beauté de toutes les chansons
De paix. Tu cherches à comprendre tous ces chagrins,
Qui viennent de si loin.
Tu produis de l'énergie dès le matin
Et Lavoisier est comme toi, il protège la matière
Ainsi toute production d'énergie de la terre,
Est en fait une récupération de sources d'énergies
Dont l'origine est aussi celle de l'univers.
L'origine, l'univers sont les grandes questions de ta vie.
N'es-tu pas heureux de voir tout ce que l'on a écrit ?
À l'origine, il y avait cette source qui coule dans les yeux
De Dieu.
Il a accouché du monde dans la douleur et le plaisir,
Et il reçut un cadeau : le rire,
Qui quand il monte au ciel passe par la rivière d'amour
Et le vent en passant me dessine ton sourire,
Et j'ai de la force pour partir avec toi, en ce nouveau jour
Au pays des sources, il y en a de toutes les couleurs
La tienne est un rayonnement multiple de lueurs.
Les pécutes utilisent l'énergie lumineuse du soleil.
Et, il existe d'autres sources lumineuses que cette merveille :
Que ne ferait pas la lumière pour le créateur, il dit, il vit :
"[…] que la lumière soit !"[ix]
La lumière est source d'énergie pour ce monde créé en six jours,
Il a serré contre lui si fort la clarté qu'en a jailli l'amour,
Pour toi : homme, et moi : femme

Pour que nos âmes
Ne s'égarent jamais dans l'au-delà.
Veux-tu bien être mon centre d'énergie, pour la vie ?
Je prévisionne tes exploits,
Je cours vers tes bras chaque nuit.
Tu es la fierté de l'amour.
Tu es le reflet de Dieu dans le jour,
Et j'aime cette image,
D'homme sage,
Parfois je me demande si tu es réel …
Tous tes voyages dans le ciel,
T'ont conduit sur terre,
Avec tes espoirs, tes prières :
Le rêve du futur que tu veux.
Réunir dans un bouquet l'oiseau de l'océan,
Tous les peuples se couchent devant.
Tu es la première lumière du feu.
Ce feu qui fait valser les vagues autour de nous,
Entouré des chants les plus doux :
Je voudrais être ton oiseau
Pour planer ensemble, cachés dans une nuée au-dessus des flots,
L'océan a tant à nous apprendre …
Mais pour toi, aucun baiser ne sera jamais assez tendre,
Ma bouche pour toi est miel et sonate.
J'apprendrai tes psaumes,
Alors la lune, en milliers d'étoiles éclate.

Parce qu'elles contiennent le baume,
De toutes les guérisons,
Je veux juste faire attention,
À ce que tes yeux restent aussi profonds,
Et un seul de mes regards,
Pour savoir,
Toutes les clefs,
Que tu as jeté au brasier.
Dans le brasier, il y a un dragon qui t'obéit,
Qui tourne autour de ta vie
Qui rêve de rencontrer une licorne pour un moment inaudible.
Le chemin possible, le rêve possible, ton bonheur possible,
Car tu ne seras plus jamais pour personne une cible :
Le monde est libre et tu es puissant,
Tu es la source de toutes les fins de guerre,
Tous les mendiants te sourient en passant,
Tous les enfants sont la première source de ta prière,
Ce sont eux les diamants de tes secrets,
Ton oxygène dont Antoine Laurent Lavoisier a créé le nom,
L'oxygéne que je veux respirer avec toi près des sources,
(Nous respirerons calmement en communiant nos ressources)
A été le sujet d'études d'un révolutionnaire,
Merci de faire taire,
Ce que l'on appelle "la question".
La guillotine aura pourtant, dans l'histoire laissé son nom
Et ses écrits :

Le traité élémentaire de chimie [5]
Il y a comme on peut le voir, plusieurs sortes de source,
Mais toutes sont des sources de vie,
Tu m'offres les plus belles nuits,
Et ces nuits là resteront des sources,
De la nature humaine,
Je n'ai plus de peine,
Depuis que tu m'as attendue dans ta course,
Pour me laisser entrapercevoir tes sources.

---

[5] Antoine Laurent Lavoisier, *Traité élémentaire de chimie,* CreateSpace Independant Publishing Platform, 2016, 140p.

La licorne bleue et le secret

Tous les êtres ont inconsciemment des secrets
Qu'ils protègent dans le tréfonds de leurs rêves précieusement
Tous les êtres rêvent de vivre un amour qui chanterait dans le vent
Parce que chaque océan, cherche son pays
Parce que l'amour voyage pour tes envies.
Que serions-nous sans secrets ?
Que serais-je si je n'avais envie de les effleurer ?
Juste, faire de toi, le rêve de mon rêve, les secrets de nuit …
Je n'aurai qu'à dire merci aux étoiles pour que sur ta vie,
Se pose l'éternité
J'ai besoin de ton passé,
Pour savoir qui je suis,
Je te sens, tu es le plus beau cadeau,
La Terre a besoin de héros,
Pour que dans toutes les dimensions existent encore des oiseaux
La Terre ne connaîtra jamais de torsions dans les trous noirs,
Je vis un tel amour, que je vois partout ta lumière, ton regard
Tu ne le sais pas, mais les vents t'ont choisi comme chevaux,
Tu iras toujours danser parmi les rires et les prières.
Qui fredonnent devant les pierres …
Et l'Éternel fera de ta vie un immense bouquet de fleurs,
Tu connaîtras, dans la douceur de mes mains : un bonheur
Les routes océanes se taisent devant toi,
Les vagues chaque instant effacent ce qui semble exact,
Seul compte l'inconnu ce pacte :

Entre Dieu et l'amour,
L'amour est une puissance sans lois,
C'est pour cela que nous ne serons jamais condamnés
Et pour faire jouir notre amour et le laisser être secret,
Jusqu'au jour où notre soleil sera trop fort
Et où les fées posent des baisers d'or,
Sur nos bouches qui s'adorent.
Tu es mon plus grand désir,
Presqu'aussi grand que savoir que l'arche défend ses secrets,
Tu es le gardien de la beauté, du secret.
Tu ne trahiras jamais ni l'un, ni l'autre
Les deux sont les portes de ton avenir,
Et entrer dans ton espace, est devenir l'apôtre
D'une religion qui ne fait qu'aimer,
La vie, l'humanité et avancer
Avec des fleurs dans tes yeux,
Et les faire refleurir est mon unique vœu
Il y a des secrets que je n'approche pas,
Il y a des bateaux qui ont besoin d'un capitaine
Il y a des bateaux dont la proue veille lointaine comme la mer.
Toute ma vie, je penserai à ce destin,
Qui pourrait aussi être le mien.
C'est sur la mer, que Dieu a dessiné ton visage,
C'est dans le ciel que j'irai te montrer mes paysages
Des vestiges d'amour légendaires, dont nous faisons déjà partie,
Ceux qui connaissent le secret de nos vies

A entrelacé nos racines,
Et béni nos origines.
Je suis la gardienne de ta source,
Comme tu es le gardien de ma source :
Nos yeux ne se quittent plus
Le mensonge nous est inconnu.
Tu es le trésor de mon âme,
La lumière de ma flamme,
Et la lumière est incorruptible
Comme nous, totalement indivisibles.
Tu danses avec mon cœur, et cela me fait du bien,
De savoir que tu voles entre les arbres loin.
Et tu chantes dans ce mouvement alternatif,
Dans ce monde seul notre amour est définitif,
Un jour la vie s'est assise près de moi,
Elle m'a parlé plusieurs fois
D'un homme que j'aimerai toujours comme un roi.
Et c'est la vérité,
Cela m'est arrivé.
Tu t'es baigné dans ma source plusieurs fois,
Ma source comprend tous les pas,
Et quand ce sont les tiens, comme la vague : vient la joie.
Une joie qui donne toutes les couleurs à ma source,
Pour que les oiseaux un instant, te stoppent dans ta course,
Juste une seconde,
Pour que tu épouses mes ondes.

Je sais que tu as le secret de ma source.
Que tu sais quel est mon secret
La source est un secret,
Son secret est un baiser,
T'embrasser dans la source de vie,
Qui s'écoule bien plus loin que la source de l'oubli.
Pourtant j'arriverai à ne plus entendre leurs pas,
Leurs voies.
J'aimerais n'entendre que le chant de ton amour,
Cette nourriture que nous avons attendu plusieurs jours.
La manne en est le fondement, une fenêtre sur nos identités,
Elle se dépose sur les pierres sacrées,
Et nous pouvons comprendre quelque Aleph-veith-Noun, les voit
Ne pas les déranger,
Puisque Dieu les a créé
Et qu'ils ne peuvent nous donner la mort,
Chaque matin je t'espère encore et encore.
Rouler dans nos sources d'amour, chaque soir.
Et ta source est claire pour recevoir tous les messages.
Ta source m'apprend à être sage,
Être heureux de comprendre que toutes sources viennent de toi,
De tes bras.

La licorne bleue et la rose du secret (complément)

La licorne dans sa bienveillance aime les roses,
Car elles sont aussi douces que l'océan sous la pluie d'été,
Elle n'a pas peur de toutes ces choses,
Que l'on dit sur l'amour,
Elle l'extrait du ciel, qui soulève cette émotion au bout du jour.
Les roses sont heureuses d'être aimées par la licorne bleue
Elles chantent en même temps que l'Homme heureux.
Et leurs chants conjugués tracent des partitions dans les forêts,
Les oiseaux entourent de la douceur de leurs ailes,
Oui, ils savent voler et chanter,
Leurs vrilles sont infinies et belles.
Si tu crois très fort aux licornes, elles viendront te parler,
De ton destin, et faire de toi un justicier,
De la paix.
Tu apprendras l'amour dans la forêt,
Tu choisiras ton arbre, pour lui murmurer tes secrets,
Et à cet endroit précis poussera une rose merveilleuse,
Née de la Terre, et du ciel toujours respectueuse ;
Qui ne disparaîtra jamais,
Mais que je pourrai te montrer,
Si tu aimes te balader,
Dans le mystère de la forêt.
Le mystère c'est d'abord un secret,
Qui entrouvre ses rideaux,
Pour que tous les jours du monde redeviennent enfin beaux.

Pour que l'obscurité et la haine se perdent dans l'espace,
La licorne connaît leurs repaires et les efface
Les puissances maléfiques se perdront
Elles iront vers tous les troncs,
Pour atteindre les cîmes,
Elles sont magnétisées par les abîmes,
Qui ignorent ce qu'est le jour.
Alors viendra à toi, le plus bel amour du monde,
Et ce sera Ton amour,
Tel que tu l'as rêvé depuis que tu crois que les secondes
Peuvent être des diamants de joie,
Et qui veulent t'aider dans tes choix :
À la fois près des anges et femme, je suis à toi.
Une part de la sagesse est d'accepter le temps,
Et le regarder défiler dans son inconscient,
Sans le savoir tu connais toute l'histoire
De l'amour, du respect que je tresse pour toi,
Comme une couronne de vie infinie dans la joie.
Et les licornes te parleront de la magie des soirs,
Où toutes les fleurs volent vers toi,
Et te murmurent tout cet amour que j'ai pour toi.
Qui rayonnent dans mon silence tout autour de toi.
Toutes les roses donnent à ton sourire la couleur de la joie.
L'une de mes joies serait de nous aimer dans un champ fleuri,
Parce que toutes les fleurs en naissant passent par ta vie
Tu vois le bonheur ce n'est pas difficile,

Car la licorne ne te sera jamais hostile.
Dieu a fait de ton amour mon plus beau nuage :
Le soleil est rempli de toi, de ton visage
Qui flotte parmi mes rêves quand je suis réveillée.
Tu te présentes à mon mental, dans un baiser rêvé,
Ma conscience et mon inconscient sont toujours ton espoir,
Je suis dans un état d'amour intense,
Mon secret est l'esquisse de tout ce que tu ne me dis pas.
Je suis une larme, ou un sourire de toi.
J'invente de fabuleuses histoires,
Qui abolit entre nous, toutes distances,
Le cœur de la rose se renforcera,
Même si le vent est triste de ne pas te voir venir vers moi.
Sur ton chemin, toujours tu baisses les bras
Des soldats qui ont une pierre dans le cœur,
Et qui n'hésitent pas à meurtrir aux innocents le simple bonheur
Tu les défies du regard et l'opprobre les enferme sous l'étoile
De ta justice amoureuse, de ta mission, de ton idéal
Entourer la vie de tous les satellites pour protéger ses roses,
Tu ne cherches pas la guerre, tu veilles à ce que les fruits éclosent,
Les femmes et les hommes ne seront plus jamais humiliés
Et la peur disparaîtra de leurs yeux plein de secrets
Qui ne font que du bien,
L'un des secrets est de savoir danser le matin,
En poussant les cauchemars qui sans fleurs,
N'existent pas dans nos vies.

La lumière de nos amours existent pour célébrer nos infinis,
Où que tu sois, quoi que tu fasses j'entends ton cœur,
Tu me laisses espérer l'authenticité du bonheur
Si je pouvais t'embrasser maintenant
Je traverserai l'écran.
Avec toi, j'ai l'espoir que l'ordinateur comprend l'amour,
Qu'il sauvegarde tous les instants où je parle de ton prénom,
Tu es le véritable porteur des fleurs, du roi David,
Celui-ci a vu beaucoup de roses sur sa montagne,
Dans chacun de ses jours.
Il aimait rêver dans les campagnes.
C'est pourquoi la licorne fait bien attention,
De distinguer David de David.
Pas besoin de discours sur la laïcité, la tolérance est ta vérité,
Nous sommes tous pareils : des yeux, des mains pour caresser,
Pour être aussi doux que la belle licorne qui garde nos secrets.
L'amour est-il un secret ?
Oui, c'est sûrement le rêve de toutes les fées,
Car elles aiment nos regards et nos sourires
Sans jalousie, avec la simple envie de te garder de désir en désir
Je t'aime, je crois en toi
Et la montagne sur laquelle tu vis en paix,
Est le rêve de toutes mes réalités.
Pour se découvrir dans la liberté d'aimer :
Et s'affranchir du temps et de l'espace ordinaire,
La licorne nous emmène dans des domaines extraordinaires,

Où nos corps et nos esprits trembleront dans une dimension,
D'un univers holofractographique,
Où ta conscience magique
Et si savante rêve d'une simple fleur qui t'apprendrait à parler,
En un instant, tous les langages de la terre,
Qui s'ébrouent tous au fond de la mer.
La fleur est la rose hébraïque que je n'ose approcher
Car quand elle a treize pétales,
Elle symbolise la kabbale.
Je veux juste te dire que je rêve de mes ancêtres,
De mes maîtres
Pour m'apprendre à mon tour à guérir et à connaître.
Le prestige de la gentillesse, envers et contre tout
La licorne est là pour nous imprégner du pardon,
D'un monde qui se plie à ce qui est doux,
D'un monde qui face aux guerres, remet tout en question.
D'un monde où certains rabbins semblent devenir fous,
Car parfois les licornes sont pourchassées,
Leur invulnérabilité est un secret,
Elles vont parler aux rabbins et le vent revient
Sur les parchemins.
Alors Dieu maintient l'ordre secret ;
Et les rabbins continuent de prier,
Et les étoiles de briller.
C'est la représentation d'un autre possible,
À laquelle je suis hypersensible,

Car dans ces nuits je vois tes yeux,
Qui me montrent un ciel de plus en plus bleu,
Et nous courons ensemble nous allonger dans la prairie,
Pour fêter un ciel si joli,
Et rouler parmi les fleurs, les doigts entrelacés.
Sentir ta main, t'entendre et te parler
Pour me souvenir du temps des premières roses où l'amour est né
Que mon amour t'offre la liberté et ne te fasse prisonnier,
Ni d'une religion, ni d'un travail, ni de la pluie,
Je veux juste être le chemin de ta vie
Parce que je veux te faire savourer ma liberté,
Que j'ai si longtemps cherchée,
Pour laquelle la divinité est intervenue,
Et à laisser des traces sur mon corps nu.
Je suis rescapée des anges,
Et je vois en toi l'exactitude, la beauté du chant des mésanges.
J'aime et tes paroles et la mélodie de ton cœur
Qui volent loin, loin sur l'océan où D. a posé des fleurs
Pour que tu retrouves le goût du bonheur,
Dans l'espace interdimensionnel du temps de la victoire,
Sur un passé qui a laissé une larme percer ton armure
Je lirai tous les mots de mon cœur pour guérir tes blessures,
Et mon cœur est aussi grand que l'espace humain : l'espoir
Et des continents où j'irai avec toi à l'océan.
Là où, de toutes couleurs est le vent.
Sentir ta peau mouillée,

Entendre ton rire m'éclabousser
Car la mer est faite pour jouer,
Pour voyager
Et quand tu ris,
Je chante au-delà de ta vie.
J'aime tellement rire avec toi
Que je te répéterai sans cesse ce que je crois.
Je crois que je devais revoir ce que tu es
Je t'ai connu roi, mendiant, chevalier
Mais à chaque fois tu avais de l'or dans les yeux,
Beaucoup ont convoité ton regard pour espérer,
Tu as les yeux de l'amour, comme mes yeux.
J'ai les yeux de tes yeux,
J'ai la bouche de ta bouche
J'ai la main de ta main.
À chaque fois que je te vois, j'accouche
De rêves, d'espoirs et de tours blanches où tu règnes en douceur
Tu es un soleil dans mon bonheur,
Car tu vibres dans mon cœur.
Tu me fais oublier les heures,
Où plutôt, ta présence se grave dans mon inconscient
Tu es la parole dans ma solitude,
Tu es le vent autour de moi, qui sourit tout le temps,
Tu es la nécessaire habitude,
De te penser, de t'aimer,
Et de t'attendre silencieusement.

Ton temps est un coffret de cristal, plein de secrets
Dans lequel tu m'as réservé une terre,
Pour faire pousser mes fleurs.
C'est une prière,
C'est un honneur
D'être aimé par un homme qui cache ses peurs.
Même si je les sens, il n'y aura jamais de voile sur notre bonheur,
Et notre bateau avancera sur la seule île,
(Qui te rend de plus en plus fort et de moins en moins fébrile)
Que tu n'avais pas envisagée,
Et moi non plus.
Pourtant des anges, elle est connue
Un lit de fleurs, sur lequel tu aimes t'allonger
Pour te reposer,
Car la vraie vie n'est jamais facile.
À ton réveil, si tu as besoin de moi,
Je serai toujours près de toi.
Je t'aime plus fort que moi
Je t'aime pour toutes les joies que nous avons connues
Et celles où je t'embrasserai semi-nue
Pardon d'être si fragile.
Je suis comme tous les êtres dociles :
Les yeux ouverts,
Sur ta lumière.
Tu redonnes chaque jour toute l'énergie à la Terre,
Et les roses poussent partout

Et ne se laissent caresser que par quelques êtres très doux :
Ceux qui se lèvent avec le sourire,
Car ils savent qu'ils ne seront pas seuls dans leur avenir.
Il y a des artistes, des chercheurs, des mains tendues,
Pour te soulever joyeux, vers de nouvelles étendues
Où tu pourras vivre les mains déliées levées vers les nues.
Nous vaincrons la solitude, l'aliéanation, les endémies.
Je rêve toutes les nuits,
Qu'on trouve un vaccin contre le sida,
Les chercheurs font des progrès tous les jours,
Avec l'intelligence de leur amour.
Il m'est arrivé de passer des nuits à côté de siddéens,
Et de nous réveiller sereins le matin.
Sans qu'ils se vengent sur moi,
Et quand il fut minuit, ils ont souri de joie,
Lorsque j'ai embrassé leurs joues.
J'étais la mémoire de leur amour et de tout.
Je ne savais pas à quel point
Ils avaient peur d'être si distincts
De toi, de moi.
Je leur ai donné une certaine forme d'amour,
Dont ils se souviendront pour beaucoup de jours …
Et ce fut pour eux, un très beau réveillon
Personne n'a posé de questions,
L'amour avait ouvert un festin mental,
Sans la présence de chacals.

On a chanté, on a bu,
On a ri et ce fut bon,
Je n'ai pas remarqué à quel point, ils furent émus,
Personne n'a eu besoin de dire pardon.
Il y a un être sur terre,
Qui souffre, et qui tous les matins apelle une vie heureuse
Et qui ne veut pas se taire,
C'est une jeune femme belle et courageuse,
Elle est seule, je veux l'aimer comme ma fille.
Sujette à vouloir un cœur qui brille.
L'amour a des responsabilités,
On ne doit pas laisser la vie s'en aller,
Ni se faire attaquée
À force d'amour, de courage et de sourire,
Retrouver le goût du désir,
Et faire l'amour (protégé) pour à nouveau aimer la vie.
Tu es l'unique homme, avec qui je veux faire l'amour toute la vie.
Faire l'amour n'est pas un sport,
Faire l'amour c'est tendre une rose d'or
Que les fées posent là,
Devant l'amour que voilà :
Pour toi, je réouvrirai mon corps
Et tu me feras découvrir des secrets
D'amour, si nombreux
Pour un instant tout oublier,
Et reprendre le combat contre l'exclusion, l'oppression.

Tu es mon amour, ma liberté, ma chanson
Sous la pluie,
Et un heureux présage, la pluie amène la vie.
Tu es né avec soleil et pluie,
Qui à eux deux créent ta lumière,
Naturellement, sans prières
Souveraine, douce dans ta chaumière d'amour,
Je te suivrai toujours :
Quand il pleut, je ferai venir le soleil
Et la pluie ne fera qu'arroser la merveille
Des milliers de roses qui bordent ton secret,
Je suis émerveillée, tu me donnes envie de ta réalité,
Je ferai de chaqu'un de tes jours une festivité,
Ta bouche sera honorée,
Par ma bouche qui te chantera
Car le chant est la parole des rois.
Quand tu ne seras pas là, pour sentir ma vie t'embrasser,
Mais portés par ma licorne, jusqu'à toi iront mes baisers.
Et cette sensation t'apportera, je l'espère toutes les connaissances
Toi qui veux savoir pourquoi l'amour est la seule existence
Je veux être pour toi, une perpétuelle naissance,
Mes seins se gonfleront d'amour pour nourrir ton espérance,
La femme est l'espoir de l'homme, la vie de l'enfant
Tu es mon rêve tremblant,
La fleur pour laquelle je meurs d'amour,
Il n'y a plus ni de nuit, ni de jour,

Il n'y a plus que l'étoile qui nous a marié dans l'espace.
Notre amour laissent des traces de joie,
Sur le sable, la vague n'effacera pas nos pas,
Ma nyctalopie, m'offrira la joie de voir tes traces.
Je marcherai à tes côtés,
Sur cette plage pour l'éternité.
Qu'est-ce que l'éternité ?
Tout simplement toi : mon futur, mon présent, mon passé
Imagines-tu comme moi, notre premier baiser ?
C'est le rêve de la pensée des oiseaux quand ils planent si haut,
Ils se posent sur ta main et te murmurent tous mes mots
Pour toi, les plus profonds : ceux que je n'ai jamais dits.
Et qui sont nés, quand j'ai vu en toi, une vie,
À laquelle, je décerne le baiser d'excellence,
Tu protèges ma vie en silence.
Et ce sont des roses de chaque instant,
Surtout de chaque vent.
Tu protèges mes songes uniques
Et, il existe parfois des songes prophétiques
Les Égyptiens de la dixième dynastie croyaient aux sens des rêves,
Comme certains messages,
Dissimulés dans les rainures des arbres et de leurs sèves.
Quelques passages,
Pour me dire, tout ce dont tu as besoin,
Mon amie licorne me parle des chemins,
Où tu as connu de grandes frayeurs,

Et qui ont accéléré tes envies de bonheur.
Chaque matin se lève l'Éternel sur nos cœurs,
Et chaque matin des milliards de voyages nous attendent,
Il n'y a plus de raison de pleurer, les arcs de l'amour se tendent,
Vers nous, ils sont en cristal et aboutissent à des roses.
Tu es chaque fois cette nuit éclose,
Que D. nous lance dans les ailes de la colombe,
Cet oiseau qui fait fuire les bombes.
Les nuits où les étoiles doucement tombent sur tes yeux,
Lorsque tu es fatigué : je pense à toi si fort,
Que ta chambre se remplit de fragments d'or,
Et enfin, mon amour, dans un profond sommeil s'endort,
Dieu, choisit de quelles couleurs Morphée s'habille pour toi
Tu dors couvert de la vie que je porte dans mes bras.
Artémidore de Daldis développe un système d'interprétation,
Des rêves très élaborés : l'onirocriticon.
Tous les humains rêvent, c'est vital !
Également l'animal,
Il sent venir les cauchemars,
Et te réveille doucement pour que tu n'aies pas mal,
Et te renvoie à la nuit de tes espoirs :
Il distingue l'enupion, le rêve ordinaire,
Comme un léger vent dans l'air.
Les songes prémonitoires (oneiros), territoires secrets,
Soit directs : immédiatement compréhensibles,
Est-ce possible ?

Soit indirects, des allégories, des idées.
Mais à quoi sert l'oniromancie ?
Puisque Dieu a décidé la direction du fleuve de nos vies.
Pourquoi rêve-t'on ? Pour parler à ses ancêtres ? …
C'est là toute la force de ce qui me pénètre.
Mon père dort près de moi,
Il a cessé de souffrir,
Depuis qu'il nous a entendu rire.
Ce rire qui monte au ciel tout droit.
Veux-tu continuer à partager
Nos secrets,
Sans rien regretter ?
Le temps projette en avant et en arrière,
Arrête-toi sur ma frontière,
J'ai sorti le drapeau de l'océan,
J'ai entendu le chant des enfants.
Je me suis avancée vers eux,
Le cœur heureux.
La voie des enfants semblent être la voie des anges.
Mais tu as la voie, d'un homme, d'un père,
Tu connais les chants qui se mélangent :
Femmes, enfants, prophètes, archanges.
Tu sais,
Et tu aimes m'en parler.
Mais tu ne sais pas pourquoi les roses honorent, cette vie,
Les fleurs sont le grain de beauté de l'énergie,

Elles ont cependant besoin d'eau, d'un rêve et de ton esprit.
Elles sont comme les mendiants, elles aiment qu'on leur sourit :
Envie de continuer la vie,
Pour voir passer les enfants.
Nicolas Malebranche a souvent eu la vision des idées en D.
Nous avons le même unique D.
Philosophe, théologien, il n'a pourtant su résoudre ce mystère :
Jusqu'à quel âge est on enfant ?
Pourquoi les enfants chantent-ils dans les chœurs,
Parce qu'il sentent la présence de Dieu.
Et pour tous, ils font des prières
De bonheur.
Et puis, il y a les autres, tous ceux qui ne parlent pas
Ou qui ne savent pas,
Alors je les prends dans mes bras,
Et on fait des milliers de dessins
Les enfants aiment les roses, le soleil brillant sur l'eau,
La farandole des enfants, main dans la main,
Ce n'est pas que des mots :
C'est la raison d'être de l'UNICEF[6] qui grandit jour après jour
Symbole qui les rends mondiaux
Ils sont notre futur, apprenons-leur la paix dès maintenant,
Passer des heures bénévolement à leur donner l'amour,
La santé, et voir ne serait-ce qu'un instant la joie dans leur regard.

---

[6] Fond des nations unies pour l'enfance consacré à l'amélioration et à la promotion de la condition des enfants, créée le onze Décembre 1946, État de New York, États-Unis.

Toujours présent, pour leur donner du temps,
Le bonheur des enfants ça vaut bien des milliards de dollars.
Dans leur dessin, je ne comprendrai pas tout,
Mais si je vois des fleurs et des cœurs, alors il n'est jamais tard.
Il est chaque jour,
Leur dire bonjour en leur offrant un sourire si doux
Que tous leurs désirs renaîtront avec amour
Avec les étincelles de la vie, et tous les espoirs
Tu me donnes plus que la joie d'un enfant,
Tu me donnes tout ce que j'attends du vent.
Tu caresses mes blessures,
Tu dépasses tous ce que je croyais réel,
Ta voie, ton allure sont si belles
Que l'éternité s'avance pour toi sans armures,
Tu as ingéré la force des milliers d'amour
Depuis, l'éternité des premiers jours.
J'étais prisonnière d'une sorcière,
Et j'avais peur de perdre mes printemps,
Voire ma vie entière.
Le cerveau enregistre tout,
Même l'illusion qui peut rendre fou …
Mais j'ai dans mon cœur le souvenir des fleurs des champs,
Qui dans le soleil s'ouvre en océan.
Et la mémoire profonde d'un amour extraordinaire.
L'intelligence est plus forte que la haine,
Mais si je te perds,

Je serai en état de manque d'amour,
Et comme une plage, sans sable, grande sera ma peine.
Et cela est l'inquiétude de mes jours.
Il y a des milliers de gens qui veulent rêver de papillons,
De drapeau, de chants, de liberté, de passion
C'est le premier droit,
C'est le premier pas,
Dans la forêt surprise des roses,
Tu es le premier pas que j'ose,
Les mots que je dis sont importants
Je suis seule face à un monstre géant.
Il y a les humains et les crétins.
Et Dieu leur a donné la vie. Pourquoi ?
Je ne saurai jamais, alors j'écris pour ces rois,
Qui se parlent à nouveau : la beauté de ces humains,
C'est leur capacité d'alterner les différents temps :
Avec toujours fidèle, le vent.
Humanitarian intervention
Et prendre tout le temps pour chercher la solution.
Voilà du temps, une bien belle fraction.
Le temps n'est pas linéaire, places-y ta courbe ton chemin
Je rêve tellement que tu me prends la main,
Pour traverser la forêt que tu as découverte,
Pour toi, mon âme est ouverte.
Le principal est que le temps de l'amour,
Dure toujours.

Puis il y a ces espaces où le temps engendre la peur,
Et ces moments hors espaces, où l'oiseau de l'amour,
Fabuleux, miraculeux unit nos cœurs.
Et des moments optimals où mon être entier te dit qu'il t'aime.
Je suis fidèle chaque jour à ta force d'amour,
Je veux être la source fraîche lorsque tu as soif sous la canicule,
Je veux que les pendules
Répondent à la justice divine,
Et t'aide à courir sur la colline
La beauté et la pureté ont toujours attiré les démons,
Mais des hommes comme Arthur Pendragon
Savent leurs faiblesses : pour défendre les peuples celtes,
Face aux envahisseurs germaniques,
Le roi crée une femme guerrière, belle et svelte
Que l'envahisseur veut posséder, la femme est pudique
La licorne pose des voiles de lumière et de fleurs,
Sur le corps des femmes blessées, chasser le tragique
Et créer un monde parallèle de douceur.
Pour moi, ce monde c'est toi :
Mon refuge, et ma responsabilité
Tu es tous les printemps qui donnent envie d'aller là,
Où la vie est sacrée.
Tu as besoin autant que moi d'être aimé
Ce n'est pas difficile nous n'avons qu'à nous regarder
Je vois dans tes yeux les couleurs et les paysages qui font du bien
Des roses qui regardent les licornes jouer

Dans la rivière de tes mains
Qui aident les enfants à faire des châteaux sur les plages
Ils sont très concentrés très sages,
C'est leur propriété que la mer ne doit pas déconstruire.
Ils vivent dans un monde qui ne sera jamais un empire.
Ce château c'est ce qu'ils imaginent être l'âme
Qui ne peut brûler, puisque sous les douves, il y a l'eau,
Et sur ta bouche, il y a mes mots
Et tout l'océan qui les éloigne des flammes.
L'imagination est le rêve de l'anima,
Et la mer la porte jusque là.
Jusqu'à la liberté,
Dont Dieu ne cesse de rêver
Et qui pour lui est synonyme de paix.
Les enfants sont les rois de ce monde qui finira bien par exister,
Un monde où des perles glisseront des cieux,
Et où les étoiles ne pleureront plus jamais,
Où ils joueront au saut à la corde avec les arcs-en-ciel.
Nous avons la chance que les arcs en ciel soient réels
Et n'empêche pas les enfants de jouer,
C'est la plus belle façon de les aimer,
Et de leur donner goût du travail, comme un jeu
Et je prie pour que le monde qu'ils découvrent à leurs yeux,
Paraisse léger comme le vent.
Les enfants rient et chantonnent très souvent,
Juste des mélodies, des partitions, les échos de l'océan

Universels dont les seuls mots sont : veux-tu jouer avec moi ?
Plus tard ces mêmes enfants se diront veux tu m'épouser ?
Passer sa vie à parler le langage des roses à l'être aimé …
Poser sur ses yeux fatigués, des gouttes de rosée.
Poser sur le corps qui se réveille, l'énergie du soleil
Et avoir peur de mourir sans t'avoir senti dans mon intérieur,
J'ai besoin de ta merveille.
Tu es le système foudroyant du bonheur.
Si l'on te donnait un dixième de ce que tu donnes chaque jour,
Comme somme de patience, de tolérance et d'amour,
Tu pourrais faire le tour du monde en avion
Et tu verrais peut-être le pays des licornes aux roses multicolores,
Peut-être même qu'elles te diront leurs prénoms
"Douce rose", "Jolie jasmin", "Royale lys"
Dans ce pays, poussent des arbres d'or
C'est peut-être notre futur délice,
Nous ne ferons que nous aimer,
Embrasser et bénir cette terre cachée,
Par le seul astre qui brille en plein jour,
Pour décliner sur le tronc de la lumière l'amour.
Vénus plus lumineuse que Sirius
Se rapproche de plus en plus
De tous ces instants, où tu protéges l'arche sacrée
Entourée de nuages très clairs, l'étoile du berger
Renvoie sa lumière pour faire fleurir les roses d'été.
Les bergers lui sont familiers,

Et la suivent toute la journée.
Les vallées chantent en suivant ta cadence,
Rythmée par toutes ces roses qui dansent
La mélodie est simple : le vent ;
Et comme il est toujours là tu ne perds pas ton temps,
Et des mots d'amour s'envolent autour de toi,
Tu redeviens roi,
Mais tu ne le sais pas.
Tu es la douceur et l'intelligence choisies par l'Éternel,
Pour encourager tes pas vers une terre encore plus belle,
Qu'en rêvèrent Moshe et Amram.
Tous les patriarches, parlent sous les arbres derrière les flammes :
La véritable épreuve pour un ish tsadik est de trouver sa femme
Celle qui pour toujours protégera ton âme,
Tu te fais souvent attaquer
Alors, tu me vois arrivée sur ma licorne chevauchée,
Et le chemin de la paix sera tracée,
Sur ta vie et celle de toute ta lignée
Tes enfants et pères, eux mêmes rois,
Mais l'Éternel a une préférence pour toi :
Car tu es poète et musicien, tu chantes l'amour, la fin des combats
Je voudrais te porter avec moi,
À l'entrée de tous ces temples où tu dors en paix
Et qui sont gravés dans la pierre de luminosité,
Près du miroir de l'espérance,
Où j'ai plongé pour oublier l'errance.

Tant que je ne t'aurais pas dans les bras, je serai en exil
Tout ce qui a été écrit sur notre exode a été perpétré par
Les sages-femmes qui détournèrent Pharaon de leurs regards
"[…] les sages femmes craignaient Dieu : [rien n'est plus difficile]
Elles ne firent point ce [qu'avait dit Pharaon],
*Elles laissèrent vivre les garçons."*ˣ
Et l'exil fut porté dans un lourd secret
La vie contre la mort
Toutes ces destinées,
Qui ont décidé d'exister encore
Tous ces rois veulent voir la vie éclore,
Sous tous ces aspects,
Et David est né !
Comme nous l'apprend le Talmud par Nitzevet
Et par Jessé dit Ben Isaï, dés lors ce jour sera une fête.
David est né à Bethléem
Dans le cénacle de Jérusalem.
Il a écrit *Les Psaumes pénitentiels ou Psaumes de confession*[7]
Qui expriment la tristesse du péché
Appelé Miserere ou De profondis
Nommés ainsi par Saint Augustin, pilier de sa religion
Les psaumes du plus grand roi gardent tellement de secrets
Que même les compositions en parlant de Jessé et de son fils

---

[7] Psaumes pénitentiels traduits du latin par Blaise de Vigenère et accompagnée du texte hébreu, Édition établie et présentée par Ghislain Sartoris, Éditions de la différence, coll. Orphée, Paris, 1989.

D'Orlando de Lassus dans ses Psalmi Davidis
Ne comprennent sa mélancolie existentielle
Il cherche le vent dans l'océan,
Il cherche l'océan dans le vent,
Il cherche un amour, qui n'arrive qu'une fois tous les mille ans
C'est étrange, mes souvenirs vont plus loin encore,
Je t'aimais avant que tu ne sois vivant,
Le jour de ta naissance, les fleurs chantaient si fort
Et je te le dis : "c'est de toi qu'émaner[ont]
Mon bon droit : [et ma rédemption]
Tes yeux discernent ce qui est équitable,"[xi]
Tu connais toutes les variables
Tu sais si les mots viennent de l'ineffable
Mais quand Dieu créa les eaux,
Savait-il comment créer le sable ?
Sur l'eau flottait d'étranges mots
La toute première loi, la loi du talion,
Surtout la force des lions ;
La compagnie des anges donnait l'amour
Alors Dieu leur promit qu'un extraordinaire amour,
Naîtrait avec le monde, alors je t'ai attendu
Et j'ai vu ton sourire grandir au-dessus des nues.
Je sais que je ne te quitterai plus
De l'amour à la pensée, tu es la rose la plus épanouie
Et c'est toi qui me donnes de l'eau et me maintient en vie,
Tes mains sont faites pour la vie des fleurs,

Et pour chacun, sa part de bonheur
Tu aimes les fleurs, tu aimes la vie.
Tu admires la puissance d'un amour quand il passe et sourit ;
La nuit, le jour tu reçois des messages d'énergie.
La licorne te les traduit dans le langage de mon amour,
Elle te montre la lumière du matin.
Tu es lumière, amour, énergie
Nous vivons dans la lumière du jour,
Alors c'est ce que je sens son parfum…
Mais quand le sommeil m'appelle,
C'est que dans la nuit électrique, j'ai perdu mes ailes.
Je pars les chercher au pays des songes, un pays où tu ne sais rien,
Et l'ignorance te fait battre avec des blanches mains,
Et il faut faire attention à retrouver ses ailes,
Pour pouvoir t'aimer avec un esprit à nouveau fleuri,
Pour pouvoir aider, celui qui souffre à retrouver la vie belle,
Ma vie, je la partage avec ton infini,
Mais si tu m'en interdis l'accès, je me perdrai dans l'irréel
Et je passe des heures à retrouver le ciel.
Il y a des esprits qui veulent tester mes limites
Je ne suis qu'une femme qui attend que la connaissance l'invite.
La connaissance est la seule dimension qui détruit la peur
Mais qu'est-ce que la connaissance sans son verrou : la certitude ?
En philosophie, on distingue trois types de connaissance,
La connaissance n'est pas un champ de résistance,
Elle peut aider bien des êtres à sortir de la solitude

Il y a d'abord la connaissance propositionnelle,
Qui distingue une proposition vraie, réelle ;
Ensuite "le savoir-faire" qui s'apprend avec beaucoup de patience,
Le "savoir-faire" est rarement innée,
Et la poésie ne s'apprend pas
Elle est une acquintance, penser une vérité qui ne se montre pas
Et c'est là la troisième définition : connaître une parcelle :
Je sens un grain de sable, je connais toute la plage
Suffit à retrouver l'évidentiel.
Le problème d'Edmund Getter
S sait que p si et seulement (et non le contraire)
1.p est vrai
2.s croit que p
3. Et donc : la croyance de s que p est justifiée.
Les poètes n'aiment pas la logique trop justifiée,
La véritable philosophie est une ouverture,
Et elle parle doucement dans de presqu'audibles murmures.
A-t'on vu un philosophe parler d'une licorne fleurie ?
La solution proposée par Robert Nozick,
Les scientifiques sont amoureux de … la logique …
S sait que p si et seulement si
1.Comme Edmund Getter p est vrai
2.s ne croira pas que p
3.Mais p est vrai.
Le syllogisme est étranger au réel,
C'est une forme de logique

Qui excelle, dans les propositions et les comparaisons,
Et ne donnent qu'un intellectuel frisson.
Les philosophes ne sont pas des penseurs,
Mais des bâtisseurs de théorie,
Et si moi j'ai envie de regarder une fleur, pendant des heures
L'amour de la beauté m'est-il interdit ?
La poésie donne tous les pouvoirs à la liberté.
Elle parle, elle chante elle ne décrète rien
Elle est là, tout simplement, elle vient.
Et qui me condamnera si je ne cesse de t'aimer
L'amour est la plus belle poésie, toujours réinventée.
…Les mots du Cantique des Cantiques sont les plus étranges
L'amour est un mystère bleu, posé sur tes yeux
Et je suis heureuse d'avoir connu ce texte qui à chaque fois change
Comme une fleur amoureuse du vent, pris dans un feu
Dans ce poème Salomon écrit à sa femme comme elle est aimée,
Il est né d'un amour extrêmement puissant,
David était déjà hyperempathique lorsqu'il était enfant,
Il n'avait aucune prétention, juste certaines intuitions,
La vérité venait à lui comme un don,
Sa curiosité intrinsèque l'éloignait de toute solitude,
Il allait aspirer à l'action et au changement social, même rude.
En grandissant, sa pensée devint "une pensée positive",
Il aimait tout ce qui se rapproche de l'humanité,
La persistance à honorer la vie sur toutes les rives.
Un cœur plein de fleurs et une force d'acier,

David : un homme dans toute sa splendeur
Qui conjugue en simplicité, la beauté et le sens de l'honneur,
Je voudrais qu'il vive toute sa vie dans un monde de fleurs.
Des fleurs tellement belles qu'elles redonnent envie d'aimer,
J'aimerais être une de ces fleurs pour donner un sens à sa vie.
Il respecte la motivation et les besoins de chacun,
Même s'ils restent tacites, il entend le son qui cherche le bien :
C'est la notion simple du bonheur d'aimer,
La solution la plus totale, la plus accomplie.
Telle que l'avait évoquée Aristote, Mencius,
Et Confucius,
La réalité est bien trop complexe pour suivre un modèle,
C'est ce qui existe et n'existe pas : l'universel.
Le roi David savait enfanter,
Consoler,
Éduquer,
Comme s'il connaissait l'Éternel,
Il connaissait les câlins comme son ancêtre Noé qui consolait.
Et le roi Salomon vit le jour de la seconde union charnelle,
Entre Bethsabée, que le roi David trouva extrêmement belle,
Le roi David se promenant sur la terrasse de son palais,
Aperçoit la "septième fille", (Bethsabée) en train de se baigner
Elle était mariée à Ourias le Hittite (l'un de ses soldats)
Le roi pense : une rose ? : il lui écrit ce que l'amour dicta

Peut-être Rembrandt lorsqu'il peignit avait-il une préconscience[8]
Des mots et du visage de Bethsabée, Rembrandt savait beaucoup
Les artistes et la conscience se rapprochent vers ce qui est doux.
C'est là, leur majeure science,
Les artistes sont là pour rendre doux le réel et l'irréel.
Il prit sa concubine Hendrick Stoffels pour modèle
Les vrais artistes ne trouvent pas que les roses belles,
C'est le mystère qui les attire surtout.
Bethsabée est plongée dans une douce lumière,
À l'abri de tout.
Sur les eaux pleines de joie et de prières.
Elle est isolée dans sa pensée, et
Elle finira par accepter :
Elle aimera David, corps et âme
Et sera la plus heureuse des femmes,
Elle oubliera
Bien vite Ourias : officier de l'armée de son roi.
David et Béthsabée s'unissent
Et le roi le fera périr au combat.
Après la période de deuil naît un premier fils
Qui ne vivra pas,
Puis enfin, un second fils ;
L'un des plus grands rois de Canaan : Salomon
Bethsabée, alliée au prophète Nathan, un homme bon

---

[8] Bethsabée au bain, tenant la lettre de David, 1654, huile sur toile, 142x142cm, Musée du Louvre, Paris.

Qui portait aussi loin que l'océan, les roses pour David
Sacreront Salomon avec l'accord du roi David,
Comme son héritier légitime et le fait monter sur le trône d'Israël
Salomon, juste par excellence avait le respect des âmes belles.
Bethsabée ne se doutait pas de la finalité de la bataille de Rabba,
Mais David qui voulait tellement ces enfants, agit en roi.
Il ordonna que l'on mette Urie sur la première ligne du combat,
Bethsabée ne savait pas, alors qu'elle deviendrait femme de roi,
Et que des fleurs royales chanteraient autour d'elle,
Le roi David convoitait intensément cette femme presqu'irréelle,
Elle était comme Sarah, reine d'un monde d'illusions et de vérité.
Mais ces deux femmes avaient le pouvoir de délivrer des illusions.
Leur amour leur avait donné tant de chansons.
Et c'est dans le bonheur qu'elles faisaient souffler le vent,
Pour que les illusions disparaissent de leur temps.
Comme une promesse de toujours pouvoir regarder le ciel,
De traverser les tempêtes avec l'innocence de l'Éternel.
Ce Dieu est à la fois doux et violent, il parle toujours à la licorne,
Avant de prendre une décision, alors il se penche sur sa corne,
Si sa décision est douce, alors pleuvront des roses émerveillées,
Si sa décision est violente, alors le ciel se mettra à discuter …
C'est pourquoi la mort de celui de la minorité ethnique hittique
Fut pour l'Éternel, un dilemne fantastique,
Il n'aime pas donner la mort,
Mais il avait visité de Bethsabée, le corps ;
Et décida que leur premier fils s'en irait sur le chemin sans pluie,

Tandis que Salomon, dans le désert fairait naître la vie.
C'était la prophétie de Nathan ?
Prophète et ami de David le grand
Salomon avant d'être roi s'appelle Yeddidia
Il eut sept enfants, dont le roi Absalom, fils de Maacah
Il était le petit fils de David
Absalom ou Avshalom, le plus bel homme
Du royaume.
C'est normal, il est le fils du roi David...
Dont la merveille s'étend sur tout l'univers.
Et il accepté d'en être l'un des pères
Car il y a vu tant de beauté : des femmes, des roses et le soleil
Il ne savait pas qu'il allait parcourir un monde pareil
Absalom signifie : *Père de la paix* ou *Le père est la paix*
C'est un homme qui voulait tellement la paix,
Que parfois il se sentait obligé de faire la guerre,
Pour que les fleurs connaissent le goût du sang de la Terre,
Le reconnaissent, le signalent aux rois, les fleurs sont les lumières,
Les fleurs qui sont partout,
Savent et veulent que les hommes soient doux.
Elles sondent le cœur d'Absalom qui pense
Ne pas être destiné à succéder à son père sur le trône.
Les rois ont parfois ce silence
De recevoir les messages de Dieu, sans que cela ne les étonne.
Parcontre il s'étonne devant la beauté de la création,
Et cela les amène à beaucoup de questions :

Pour l'homme, il n'y a rien de plus beau qu'une femme,
Et la femme cherche la rose qui de sa flamme,
Je suis amoureuse : et s'entremêlent en moi deux âmes,
La mienne,
Et la tienne
Ne brûlent pas et qui sont aussi innocentes qu'un enfant.
Toutes les femmes sont des fleurs et attendent la rosée du matin,
Moi, je t'attends,
À chaque instant
Quand tu penses avec moi,
L'esprit de l'amour vaut bien
Un détour dans le temps.
Ce temps se pose sur la tige d'un ruisseau en plein éclat.
Parle-moi de cet instant où naît une fleur
Doucement heure après heure,
Comme le vent d'un baiser qui t'apporte tout le bonheur,
Que la licorne porte dans ses flancs,
Je suis de descendance humaine, je suis l'enfant
De la licorne couchée sur un lit de fleurs aux mille parfums,
Elle me demande juste d'honorer l'amour, de le remercier
Et d'accepter d'en faire mon destin,
Et ce destin, c'est toi dont j'aurai toujours besoin d'aimer,
Tu es l'eau fraîche qui rempli le lit où je dors,
Tu es ce fil d'or
Qui fait de nos vies une sérénade d'étoiles, au-delà
De ce que nous voyons, berger, gardien des pierres de là-bas

Tu épouseras toutes les volontés de ton seigneur,
Et tu compléteras ton cœur,
D'une danse infinie,
Aux préludes de la nuit,
Où de tes bras à ma bouche
Et de mes bras à ta couche,
Nous vivrons enfin heureux,
Le charnel de tous tes yeux,
Ta puissance comme un roi amoureux
Près d'un cyprés fleuri,
Où je me cache pour que tu me souris.
Cherchant à l'affût du ciel, ton regard,
Tu connais les fleurs les plus rares
Et tu en fais un bouquet,
Pour ton père Jessé.
Ben Isaï qui peut-être verra,
Aux bouts des infinis,
Nos cœurs unis pour la vie,
Encore une fois …
Parce que c'est toi,
Parce que c'est moi
Et que toutes les fleurs
Entourent
Ce que les simples mortels appellent amour,
Mais dont le sens est pour nous soudimensionné
À la fois secret et connu de tous,

Tu aimes quand je suis douce,
Et tu es mélancolique lorsque j'ai peur.
L'espoir de toi, c'est la fin de l'horreur :
J'ai peur de laisser nos rendez-vous
Tu es l'inconnu qui me parle de tout.
Dans les mains des non philantropes,
Qui n'ont pas honte de tuer une antilope
Le pronghorn est presqu'aussi rapide que le guépard
Et son champ de vision est de trois cent soixante degrès,
Elle devient au fil du temps, un animal rare.
Elle fait partie de la famille qui va se cacher.
J'ai peur quand je vois la bataille dans la forêt d'Éphraïm,
Où l'armée d'Absalom fut totalement mise en déroute
Et dans un chêne à la haute cîme,
Qui se trouvait par hasard sur la route,
Entremêla ses cheveux longs à de longs branchages.
En dépit de la victoire, David fut longuement chagriné
Et les roses de la licorne firent un immense barrage,
À la mort pour que nous continuions à nous aimer.
Peut-être que les vents nous ferons danser sur le rythme de la vie
Je crois que "merci" sera le premier et le dernier mot d'ici.

La licorne bleue et le cristal

Lorsque le sabot de la licorne dans la terre, le roc s'installe
Une étrange matière, un embryon du diamant,
Qui aimerait tellement des fleurs être l'amant.
Dont les fragments se dispersent au hasard, sur notre planète,
Voyages qui n'arrêtent
Que le cristal sombre de la lune,
Et c'est un exploit car il y a beaucoup de dunes,
L'amour glisse d'un versant
Jusqu'à notre champ.
Apparaît et crée la magie que sur terre nous appelons amour,
Mais qui dans ta voie se résume à bonjour.
Dans ton plasma, il y a tellement de puissance
Que la douce licorne souhaite que ta vie soit une jouissance.
Tu ne dois jamais oublier le cristal qui brille sur la fleur magique,
Qui malgré moi, et qui existe pour te rendre la vie magnifique,
La licorne m'a simplement demandée
De t'accorder le plus grand respect
De t'offrir sur un plateau d'argent la pierre de lumière,
Tu m'apportes l'espoir d'une vie où prier aurait un sens,
Une prière d'enfant pleine d'insouciance,
Que le cristal grave dans leur pureté pour qu'ils soient fiers,
De grandir et de devenir brillants, comme leurs pères.
Le cristal, éternel a toujours les mêmes pouvoirs extraordinaires
Entourer le noyeau de la Force, et cibler la blessure,
Je te souhaite de ne jamais mourir, ni de sentir la morsure,

Des êtres qui ont un serpent à la place d'une âme,
Tu mérites l'amour de la plus cristalline femme,
Si tu l'aimes vraiment, elle ne se brisera jamais,
Je voudrai connaître cette éternité,
Je voudrai que tes nuits soient protégées par le cristal d'amour,
Que je porte dans la conscience de la force du jour.
Puisque ma conscience est aussi simple que le jour,
Et mon inconscient le chef d'orchestre rêve à l'amour,
Et à mes yeux, le symbole de l'amour c'est toi,
Tu représentes l'association de mon profond à ton bonheur,
Oui le bonheur existe : touche le cristal ne serait-ce qu'une fois,
Alors tu verras des êtres fabuleusement bons, veillant ton cœur.
Et je serai là, j'espère pour voir ton sourire,
Il est nécessaire à mon quotidien, mon avenir.
Le cristal d'un homme heureux,
Qui a longtemps marché, seul, dans le désert
Et qui a entendu la toute première prière,
Je vois tellement de couleurs dans tes yeux,
Tu es l'arc-en-ciel de ma vie,
Tu aimes quand je te regarde et que je te souris,
Qui parle plus que mon esprit.
J'éprouve réellement un amour doux et tu es surpuissant.
Ma douceur est spontanée, je n'userai de rien de violent,
Tu es ce que je connais de plus troublant,
Les philosophes, les théologiens n'ont rien d'exaltant,
À côté de ta simple présence

Tu es pour moi, l'homme dans sa plus parfaite essence.
Qui possède un cœur et une intelligence
Qui peut couper comme le diamant, et éclairer par ton cristal,
Les chacals ont peur de toi, et les oiseaux étalent,
Ton prénom dans l'univers systégmatisé,
Tous les oiseaux chantent pour t'accompagner
Quelquefois ils te prêtent leurs ailes
Mais tu montes si haut dans le ciel,
Que cet espace a des étoiles comme des étincelles
Là où la licorne te couvre d'or : je te couds des draps avec cet or,
Mais cet or est spécial, sur terre il n'a pas de valeur,
Mais dans mon cœur, il me délègue le pouvoir de courir encore,
Dans tous ces champs de fleurs.
Le cristal active leur croissance et protège leurs vies.
Elles sont si belles, si douces, que je ne leur connais pas d'ennemis
De même que le cristal est un embryon de diamant,
Tu es un homme qui rêve de jouer avec le vent
Et de m'embrasser tendrement, volontairement.
Le plaisir est la seule convention que tu acceptes,
L'Homme n'est pas né pour souffrir,
Et c'est pour cela qu'il peut rire et sourire.
L'Homme est comme le cristal, il est transparent.
Nous sommes nés avec déjà des sentiments,
La recherche du secret pour conserver l'amour.
Le secret est en toi,
Sinon il ne serait pas.

De la même façon que Dieu a le secret du jour,
Sinon, il ne serait pas.
Aimer la vie, c'est aimer Dieu,
Même si tu ne te le représentes pas spirituellement
Il est aussi jeune, qu'il est vieux.
Comme toi, l'âge n'a pas de temps pour être heureux
Il se promène sur un rocher bleu,
L'âge se promène sur l'océan, toujours heureux
Car il est pour beaucoup d'humain, le cristal de la liberté,
Le rêve de chaque existence née.
Un cristal puissant qui éclaire les boats people dans leur nuit,
Les vietnamiens, recueillis
Au sud de la mer de Chine par le cargo Cap anamur
Était contre les vicissitudes une armure,
Spécialement affrétée par Rupert Neudeck, journaliste
A sauvé cinquante deux personnes sur la liste
Ils ont échappé au Vietnam, un pays à économie dirigée :
Qui interdit la liberté du commerce au monde de la pauvreté
Pays oppresseur de toutes les façons,
Qui interdit la liberté d'opinion,
Et la pensée de Rupert Neudeck a été pour eux la solution,
La traversée maritime a été, elle aussi un combat :
Faisant des victimes par noyade, famine et froid.
Mais l'intelligence et le charisme du cœur,
Ont offert sourire et espoir du bonheur.
Tous ces êtres humains ont vécu une indicible expérience,

Se raccrochant à la joie qui naît dans leur transparence.
La presse francophone peut parfois être engagée
Pour des causes humanitaires, sillonnant vers la liberté
Le terme boat-people a été utilisé pour les migrants nord-africains
Ils ont traversé la méditerranée, les souvenirs aux bord des mains
Et leurs larmes devenaient des cristaux de justice
La justice humaine, la fierté de l'Éternel pour tous ses fils.
De même à Cuba, le régime de Fidel Castro : l'exode de Mariel
Semble être une tragédie irréelle
Il expulsa près de mille cinq cents cubains
La liberté finit toujours par arriver un matin,
Et dans cette attente, il y a une émulation très forte,
Aussi forte que la mer qui les transporte,
Des sommets comme des vagues d'espoir,
Il n'est et ne sera jamais trop tard.
L'agitation de l'océan,
Semblable à leurs cœurs tremblants,
Pour cette liberté,
Tant attendue, tant espérée
Qui arriva,
Qui les sauva.
Boats-people ?
Oui, en Italie, lors du naufrage, cette fois-ci c'est le boat-people
Qui fit naufrage à Lampedusa en deux mille treize.
Sur cinq cent migrants, cent trente quatre retrouvèrent l'aise,
Qui nous paraît normal : manger, dormir se laver

Et surtout ne jamais cesser de penser :
Réfléchir sur ce que André-Comte de Sponville appelait
Dans son ouvrage *Le bonheur désespérément*[9]
La raison et la quête vraies, existentiellement,
Se rapprocher tant qu'il en reste des sages.
Et non condamnables
Mais honorable :
Le combat de toute une vie,
Pour que la mer continue son roulis.
Être aimé,
Être respecté,
Même et surtout dans son erreur,
L'inexactitude face à ce plausible bonheur.
Nous ne sommes,
Que des hommes.
Et c'est déjà beaucoup, n'est-il pas ?
L'admiration de l'autre de toi,
Le partage des peines et des joies,
L'éclat du cristal, qui ne se perdra pas,
Ce que je te donne, je ne le reprends pas,
Ce que tu vois, ne disparaîtra pas
Car, existe au moins depuis sept mille sept cent soixante seize ans
L'oiseau de mon cœur vit longtemps, doucement,
Comme le cristal qui a le pouvoir d'entrer dans les cœurs,

---

[9] André Comte Sponville, *Le bonheur desépérément,* Éditions Librio 2000.

Et d'y déposer pour toi, mes fleurs du bonheur ;
Et d'offrir le goût de l'océan, le goût de la vie.
J'espère connaître ta vie aussi longtemps,
Pour te laisser t'évader avec mes rubans.
Tu les accrocheras à l'étoile de l'amour, jusqu'à toi,
Et le monde entier, tu découvriras,
Et tu placeras l'amour dans un écrin de soie,
Le cristal a presqu'autant de pouvoirs que l'amour,
Sauf que le cristal, ne se trouve pas partout.
Il existe dans les endroits où l'homme qui souffre un jour,
Une bienveillance qui amène un soleil doux.
Nous pouvons dépasser notre souffrance
Par l'imaginaire,
Quand je suis au pays de mon existence,
Je me dis que rien n'est plus beau que toi et la Terre,
Alors le cristal s'éclaire,
Car il sent mon amour,
Dérivé de la nuit vers nos jours.
Tu es une pensée synchronisée,
Tu ne seras plus jamais seul dans tes secrètes pensées,
La prochaine fois que tu pleureras, ce sera de joie :
J'ai posé le cristal dans tes bras.
Mais, j'espère t'apporter d'autres merveilles, si le ciel veut sourire
Le cristal est allé au plus profond de nos âmes,
Il a dit que dans un proche avenir,
Tu me rencontreras, tu me connais : je suis cette femme,

Qui entend ton cœur parfois pleurer la nuit,
Et qui t'envoie des baisers au goût de paradis.
En ai-je le droit ?,
Toi le plus modeste des rois.
Quoiqu'il en soit,
Tu as conquis ma douceur,
Et je t'offre mon trésor le cristal d'or,
Qui a bondi dans ton cœur,
Et qui ne cesse de répéter : je t'adore.
C'est ta beauté qui devient mon parfum,
Et qui fait chanter les oiseaux ennivrés du matin.
Un composé d'océan et de fleurs
Ton langage subtil observe les réponses
Et tu comprends si le chemin à l'intérieur de toi est fait de ronces,
Où s'il n'attend que des fleurs,
Je veux te recevoir, et te demander si tu veux de mon bonheur
Je t'emmène sur la presqu'île du Sinaï, pour que tu sois secouru,
Et comme toi, je serai nue
"Mon secours vient de l'Éternel,
Qui a fait le ciel
Et [son chef d'œuvre] la terre."[xii]
La voie de l'Éternel traverse toutes les strates du ciel
Portée par l'ange Samuel.
Samuel est né à Rama,
Son père se nomme Elkana,
Sa mère Hanna.

C'est lui qui désigne les deux premiers rois.
Et la pythonisse d'Endor, possède un talisman,
Mais pas aussi puissant,
Que ceux (?) du roi David : il lui suffit de prononcer le nom de Dieu
Lequel ?, c'est la porte du pacte entre les deux.
Mais les prophéties de la sorcière se révèlent fausses
Elle ne toucha aucun sang, aucun os,
À Tsiklag, David et ses troupes n'avaient tué personne,
L'âme du roi David est si bonne
Que je pleure quand il endure des batailles,
Par mon immense amour, je comble les failles
Je serai toute ma vie sa protectrice,
Car il n'a aucun vice.
Il fait des rêves impénétrables d'amour et de paix,
Il repose les sources et les rivières,
Il ouvre ses mains et reçoit la lumière.
Je sais qu'il est beaucoup aimé,
Mais je l'aime plus que toutes les royales réalités.
Quand je le vois en rêve, il porte une couronne de cristal,
Et je souhaite de pouvoir veiller sur lui et de chasser le mal,
Le cristal a ce pouvoir de guérir des blessures,
Celles qui viennent de loin et qui perdurent,
Sur le bateau du vent,
Le cristal irradie tout le temps.
Mon père avait trouvé sous les eaux,
Un cristal si beau,

Qu'il n'osa en parler à personne autour de lui,
Mais lorsque je le vis
Je pus lire dans son regard,
L'épanouissement du mystère
Il aimait jouir de toute la terre,
Il me racontait qu'il était un homme-poisson
Et que sous l'eau, il n'était pas de prisons.
Il connaissait les limites de son royaume,
Ce qui est l'intelligence de cet homme,
De vivre dans plusieurs mondes à la fois.
De la survie, il est l'exploit.
Je pense intimement,
Que vous êtes du même continent :
Le continent du cristal et de sa mémoire
Chacune de vos histoires
Est une très belle histoire d'amour avec Dieu,
Puisque *"La voie de Dieu est la voie de l'Homme"*[10]
Ce respect, ce regard sur la vie est un cadeau venu des cieux,
L'Homme est le visage de Dieu,
Dieu est le visage de l'Homme.
Peut-être parfois nous le croisons sans le savoir.
Il veut juste respirer l'amour de la femme pour l'homme
Ce dont je suis sûre, c'est du désir de faire avec toi, une histoire,
Dont les pages se tournent sans jamais prendre fin

---

[10] J. et Ch. Baryosher, *Premiers pas vers la kabbale*, Éditions Fernand Lanore, Juin 1995, préface.

Une fée chaque soir rajoute une page et des lignes sur nos mains
Et mon amie licorne qui caresse tes mains quand tu dors,
Découvre une histoire qui n'avait jusqu'alors,
Pas encore existée
Tu es mon amour matérialisé, né,
Je veux être ta vérité
Que tu cherches quand tu regardes là-haut,
Chaque étoile te dit Bravo,
Et tous les oiseaux,
Ont au moins vu une fois le cristal,
Qui leur a appris à chanter certains textes de la Kabbale.
Et mon père comprenait : il a beaucoup prié
En secret,
Pour que l'océan
Soit délivré du Léviathan,
Et au jour d'aujourd'hui,
On peut dire qu'il a sacrifié sa vie,
Pour que l'amour renaisse dans l'océan.
Israël a eu le privilège d'écrire pour le monde entier,
Juifs, chrétiens, musulmans un jour vivront en même temps,
Le même espoir de fraternité.
Depuis le temps que l'on attend,
Ce moment.
La patience ne sera pas vaine.
Bientôt l'amour remplacera la haine.
Et Jérusalem sera protégée ;

Et survivra encore de nombreuses années.
Car dans le temple est caché le cristal,
La lumière qui rend l'amour transcendental.
Il appelle et supplie les hommes du monde entier,
À aimer,
À chercher la vérité ...
D. est malheureux quand il voit l'Homme dans la fosse de l'erreur
Dieu cherche de toutes ses lumières à y mettre le bonheur,
La vérité et l'amour sont les portes de l'unique temple éternel,
Indestructible, car il oscille de la terre au ciel,
Les deux temples construits après sont juste là pour le bonheur,
De sentir la présence de Dieu,
Pourquoi les rabbins parfois, pleurent et ferment les yeux ?
Pour que le peuple hébreux soit de plus en plus courageux,
Et laisse à Jérusalem, tous ses secrets qui ont fait sa survie,
Jusqu'à aujourd'hui.
Les enfants d'Israël apprennent dans le silence de leurs prières
Tout ce que les rabbins ne peuvent prononcer,
Et s'arrêtent de pleurer, et se mettent à chanter
Ce qu'il y avait avant la Terre.
Je suis amoureuse d'un homme si pur,
Dans nos rêves, nous touchons le même mur
Et le seul vœu est de pouvoir nous aimer,
En remerciant Éa de nous avoir fait nous rencontrer
Pour lui, la seule solution face aux troubles de la guerre,
Est la force de l'amour, son cristal, son tonnerre.

L'antéchrist peut passer son chemin,
Il ne touchera pas une pierre de ce que Dieu a mis dans nos mains,
La licorne a la corne fleurie,
Dès qu'elle sent l'amour,
Et elle bondit,
En mélangeant les jours
Dès que la terre est en danger.
Alors que fait le roi David ? Il écrit des psaumes pour éveiller,
La vie simple, la bonté.
Il évite tant que possible de faire couler le sang,
Il aime, la justice, l'amour, la paix et le vent.
Souvent j'ai l'impression de lui donner du temps,
Pour qu'il fasse les choses, comme il a fait dans sa cité, son palais
Avec toujours la nostalgie, de son bâton de berger,
Qui lui vient peut-être de Moshe …
Tous les patriarches marchaient à côté,
De ce bâton qui contient les temps,
Qui n'a pas été érodé par le vent.
Mon père lui-même avait un bâton, pris dans son jardin
Il comptait les licornes chaque matin,
Jamais aucune ne manquait,
Il voulait juste les admirer
Et voir leur pelage blanc étoilé,
Par des étoiles vierges qu'aucune main n'a jamais touchées.
La licorne est caressée par le vent et l'océan,
C'est là son plus beau sentiment.

La pluie, le soleil et l'orage
La licorne par eux s'encourage,
Elle vit avec eux depuis l'éternité
Elle empêche l'homme d'avoir peur de mourir,
Elle lui inspire son chemin, son avenir,
Nous avons tous notre voie,
Et même parfois nous pouvons lutter contre la mort,
Mathusalem y arrivera encore,
"Celui qui a congédié la mort"
Aurait vécu neuf cent soixante neuf ans,
Le plus vieux patriarche de tous les temps.
Son petit fils Noé, lui aussi grand patriarche
A vécu avec l'extraordinaire mission de veiller sur l'arche.
Et Methusela meurt l'année du déluge,
Ce qui signifie que notre Terre était déjà un refuge,
Il y a presque mille ans,
Mais il est certain que la Terre existe bien avant
Aucun humain ne le sait,
C'est le plus grand secret.
Et si Adam vécut neuf cent trente ans
"Tout le temps qu'Adam vécut fut donc de neuf cent trente ans ;
Et il mourut."[xiii],
Le cœur et l'esprit mis à nu.
Dieu a eu beaucoup beaucoup de temps
Pour semer les si jolies graines de l'amour et de l'amitié.
Il a fait ce travail avec soin, a créé la beauté du monde pour tous

Et il a fait ses créatures douces,
Avec l'aide de Metatronos, c'est-à-dire "l'assistant du trône",
Tel un ange tenant un cordeau, deux bâtons mêlés sur la zone,
De la tradition juive : l'amour mystique.
Les Yehoudim ont semble-t'il une âme qui existe
Par, pour et avec l'amour le plus cristallin
Celui que tu tiens dans ta main,
Veux-tu être le roi de l'amour ?
Es-tu prêt à porter ce mystère chaque jour ?
Sentiras-tu que je suis à tes côtés,
Depuis le jour sacré où tu es né ?
Et que tu ne devras mourir jamais.
L'âge des patriarches diminue régulièrement,
Ce sont les rois qui autorisent le temps,
À prendre la vie et la rendre respectueusement,
Aux pieds de l'humain qui vit pour donner,
Recevoir les bénédictions qui se baladent sur les fleurs
Il te suffit de respecter la beauté d'une femme qui aime : un secret
Je rêve d'être ta vérité
Je sais qu'après le malheur, vient dans la joie le bonheur.
Le bonheur de t'aimer,
De t'attendre, de te respirer
De souffrir, lorsque je te sens pleurer.
L'être qui te fait du mal appartient au mauvais côté
Du mandéisme,
Du dualisme :

Il y a le monde d'en haut : le monde de la lumière,
C'est là que je demande au vent d'entendre ma prière,
Je prie pour que les ambassades se serrent la main,
Sincèrement, pour le futur proche et lointain
Mais au même moment, ma prière,
Chante pour glorifier ta lumière.
Je me sens femme quand je te vois :
Mon cristal tremble à chaque fois.
Et il y a le lieu des ténébres, le monde d'en bas
Qui se nourrit paradoxalement de ma force et m'épuise.
Mais l'Éternel radicalement nous divise,
Sur leurs murs ne passent que des ombres
Platon a bien compris que pour certains la vie est sombre,
Mais s'ils arrivent (les philosophes et les psy) à changer la vie,
C'est parce que Dieu module suivant les cours de l'inconscient,
Et fait du langage, un passage vers les vagues du jour et de la nuit
Que l'on ne peut dissimuler les sables de sa pensée vers le vent,
La pensée ne peut être emportée par celui-ci.
L'ensemble des pensées humaines se reflète quand tu dors,
Et le matin vient lentement poser ses lèvres d'or
Sur ma bouche de ta bouche
Toutes les nuits, tous les jours, je rêve que je te touche.
Et tu sens le parfum d'une vie encore plus belle,
Que tout ce que tu attendais du ciel,
Je ferme tes yeux sur un geste de lune
Et nous chevauchons les blanches dunes

Sur des licornes qui ont définitivement marié notre amour,
Un jour,
Nous verrons ensemble la licorne bleue,
Dans le cristal de nos yeux.
Je verrai nos baisers emportés par le vent du feu,
Et comme tu es le plus beau et le plus courageux,
Tu voleras plus vite que le vent,
Tu commanderas le feu
Comme te l'ont appris tes ancêtres si puissants
Depuis les temps de l'humanité
Qui sont l'horloge de ta pensée,
Ta pensée plane dans un halo bleu,
Imperceptible, faite pour nous rendre heureux.
Le génie de ta bonté est né avec la force de ta survie,
Mais lorsque l'amour colore tes yeux noirs et gris,
Ils s'allument, telle une ménorah, les jours de fête.
Chaque jour de ta vie est une conquête
Tu t'entoures de gens qui aiment l'évidence bien faite,
Mon amour pour toi, appartient désormais au cours de la vie,
Tu es ma peshitta,
La vision syriaque qui s'étend aussi loin que ton cœur bat.
Le respect de l'ancien et du nouveau testament
Le respect de l'énergie,
Qui détruit la mort définitivement.
Le seul cadeau que je veux de toi est ton sourire
Pas seulement parce qu'il est magnifique,

Mais aussi car il est l'avenir, qu'avait prédit l'antique,
Tu as des gestes bibliques :
Le matin, tu revêts ta tunique,
Le soir tu te couches sous les palmeraies,
Dans un lit doux et frais,
Où le silence est celui des anges qui eux aussi tombent amoureux
Quand ils entendent parler de peshitta,
Ce terme apparaît pour la première fois
Dans la parole de Moshe Bar Képha,
Puis par Bar-Hebraus, au treizième siècle et qui existe,
Encore aujourd'hui sous sa forme manuscrite,
Un commentaire sur l'ancien et le nouveau testaments
La difficulté est de raccrocher la chronologie biblique
Avec l'histoire de nos temps,
C'est comme si la Bible était venue du vent
Un vent qui appartient au temps et au roi silencieux
Qui regarde les gens lire *Les Écritures* droit dans les yeux,
Dieu te comprend et si tu es malheureux, tu deviendras heureux,
Tu auras tout ce que tu mérites et ce que tu penses vouloir,
Lorsque comme moi tu te retrouves seul le soir,
Tu veux l'aphabet sémitique :
Hébreu et ougaritique,
Tu veux vivre un amour tellement magnifique
Que tu cherches la femme de cristal,
Qui recevra dans ses mains les pleurs quand tu as mal,
Et qui s'en lavera le visage, pour mieux t'embrasser.

Et qui parlera ton langage secret :
Aérien,
Magicien
Que je sens dans mes nuits, quand ton livre s'écrit,
Je ne pensais pas que la vie,
De deux êtres amoureux,
Pouvait être si puissante.
Plus tu vivras, plus tu seras heureux :
Ton âme chante,
Tes yeux brillent sous le feu,
Depuis l'Ougarit à l'âge du bronze, période de la protohistoire
Quand j'entends ta parole s'envoler dans le soir,
Je vois le disque de Nebra
Conçu en bronze et en or,
Qui brille dans tes yeux et quand tu me regardes sur mon corps
Je n'ai pas peur de soutenir le regard d'un roi
Mon père m'a appris à caresser la soie,
Cachée sous ton armure : doux dans le mental et le physique
Nebra, dans la sphère céleste est fantastique
Puisque dans tes yeux, je vois les deux côtés de l'hémisphère
Tu seras pour beaucoup de futur, un roi de l'univers,
Que je protégerai dans mon cœur qui pense,
Je suis la pensée de l'amour
Je voyage des hébreux aux côtés de l'Ougarit,
Chaque nuit, je t'invite,
À t'asseoir sur la colonne de mes rêves très anciens.

Mes rêves sont toujours bleus quand je te vois dans le jour
Et lorsque le délice de la nuit vient,
Je t'enlace pour que la suprême paix de l'amour t'envahisse,
Je ne te connais aucun vice
Nous avons les mêmes ondes mentales,
Quelles que soient les vallées que tu dévalles,
Qui font rire les fonds des océans,
Qui font jouir du soleil levant.
Tu es l'océan, tu es le vent
Et pour ces raisons si simples, j'ai besoin de toi.
Dans tout l'univers, il n'existe pas d'être semblable à toi,
Pour toi, j'irai chanter les lois
Je ne sais pas si Dieu entendra ma voie,
Mais mon cœur pleure et rit à la fois :
Je suis pleine de toi,
Je ferai toujours passer l'espoir qui roule dans ma vie,
Jusqu'au jour où j'aurai la joie infinie,
De revoir ton visage qui est de plus en plus beau
D'entendre ta voie, comme le plus beau cadeau
Le plaisir,
Sera notre premier sourire
Et ton cristal d'or rejoindra Nedra,
Et Dieu sera heureux encore une fois.
Tu es ma voûte céleste
Et je sème ces fleurs,
Dont le parfum reste,

Autour de la galaxie de ta vie,
Je ne suis qu'une femme fleurie
Par ta force biblique et ton amour,
Laisse moi entrapercevoir, ce qui s'appelle jour
Et comprendre à quel point la vie est précieuse :
Je t'aime, je suis heureuse.
Ton cristal est un bien pour ceux qui sèment
Le bien-être de l'humanité dans quelques phrases généreuses,
C'est si simple et si engageant de dire : je t'aime.
C'est comme un plan intermédiaire entre le visible et l'invisible,
Mon amour pour toi est indivisible
J'ai reçu et tes enseignements et ton amour
Dans la joie et l'effort de chaque jour.
Tu es le baiser physique et spirituel,
Qui rend ma vie belle.
Je ferai n'importe quoi pour que tu atteignes toutes les citadelles.
Tu contiens dans le fond de tes yeux,
Des pouvoirs si mystérieux,
Qui proviennent de tes parents
Et que tu transmets à tes enfants,
C'est pourquoi Salomon a hérité de ta sagesse,
Mais les rois plus que les hommes ont besoin de tendresse,
Du haut de la citadelle, ils doivent évincer toutes les guerres :
Le cristal aime l'amour et la paix.
Le cristal caché dans ton palais,
Que tu prends avec toi, quand tu sors dans les sombres forêts,

Comme le talisman royal, qui cherche ma prière
Je pose mes pieds sur tes pas et je chante tes psaumes
Je vais loin aussi loin que ton royaume,
Le monde avec toi n'a pas de fin.
Il s'étend de matin en matin,
Et tout s'arrête quand tu viens avec le soir,
Le monde retrouve espoir
D'une force tranquille, douce
Que j'irai chercher dans toutes les synagogues où poussent,
Tout le temps ces fleurs que je t'envoie sur des vents de lumière,
Venus des ères de clairière,
Dont l'amour amplifie jusqu'à l'extase,
En pensant à ce que tu donnes,
Tu me donnes gentiment de la terre, des vases
Et la licorne pose des graines, qui sont le cycle de vie :
L'étrangeté des spermatophythes d'origine bonne,
Ce sont toujours les premières phases,
De création que le féminin a comme énergie :
Elle crée, comme elle dit des phrases.
Cette génération qui contient et protège l'embryon végétal
Et le gamétophyte les tissus de réserve de la graine,
Cette vie ignore toute forme de haine.
Les plantes des temples fermés poussent au-delà du mal :
Même dans l'obscurité,
Les synagogues sont toujours dans la clarté.
Qu'est-ce qui est plus compliqué ?

Une fleur ou une synagogue la nuit ?
Le vent a posé la semence des couleurs des fleurs du paradis,
Et D. a visionné les endroits de cristal sous la terre
Pour élever jusqu'au ciel la lumière.
Le pentateuque est lumineux si ton regard et tes mains
Comprennent et respectent le fait qu'il soit très ancien.
Quelle différence de la Torah ou Pentateuque : deux écrits divins ?
Encore le secret des rabbins.
La Bible est faite pour être aimée comme un enfant,
Aime son premier livre.
Et sent dans son petit cœur l'amour chaud, doux de ses parents,
Et grandit doucement sur le chemin d'une innocence qui ennivre,
Et fait toute la joie des anges pour tous les enfants de la terre,
À quel âge un enfant raconte ses rêves la bouche fermée,
Juste en regardant, dans un sourire les yeux de sa mère.
C'est l'enfant le premier juge des parents.
Il sent la colère, l'amour et le vent.
Tout ce que mes parents ne m'ont pas donné,
Je l'ai toujours cherché,
Et quelquefois je l'ai trouvé,
L'amour d'un homme fort comme l'océan
Si doux, qu'il en est puissant,
Qui préfère se taire qu'être violent,
Sauf quand l'homme méprise les rêves, le cristal, l'authenticité
Et commet des atrocités.
L'homme a besoin de protéger sa vie,

C'est là qu'interviennent les rabbis.
La terre est un joyeau, que nous devons laisser immaculé,
Les ambassadeurs sui survolent la terre,
Connaissent les îles et les mers
D'une telle beauté,
Qu'elle s'efface dans une nuée.
Le pays des licornes bleues,
Des chants du vent qui n'éteignent pas le feu
C'est exactement ce que Dieu veut,
La douceur du vent qui dans un souffle, protège l'amour
Tu es comme moi, tu aimes faire l'amour,
Tu prends sur moi, tous les contrôles
Et j'accepte qu'autour de notre lit frôle
La compagnie de la volupté et du plaisir,
Tu es l'extrême du désir.
Tes bras sont la puissance de ma vie,
Parce que l'amour a planté racine dans mon amour infini.
Ta bouche est tout ce que je désire et que je ne comprends pas,
Tu es le seul homme, avec qui je vis cela.
Tu fais l'amour avec ton cœur,
Et j'aime penser à ce bonheur.
Je murmure ton prénom, parce que dans ces instants là,
Il n'y a et il n'y aura que toi.
J'ai connu les frissons de l'adolescence souvent
Et un jour j'ai cru rencontrer le prince charmant,
Mais je n'étais pas la belle et il n'y avait pas de fleurs sur son épée.

Je te serai toujours fidèle, même par la pensée
Tu es un corps et un esprit,
Ton corps ne ment pas à ton esprit,
Ton esprit ne ment pas à ton corps,
Je suis bouleversée par l'or
L'or de ta vie,
Qui émane de la douce mélodie,
De ta pensée,
Tu es trop intelligent pour être malheureux
Tu considères la vérité,
Simplement en regardant les cieux.
D'une femme dans sa pudeur,
Le corps ne veut pas être arraché : il est comme une fleur.
Vestige de sa virginité.
J'aurai voulu que tu sois le premier, le dernier
Amant, constellation de ma nuit,
Avec les étoiles que tu auras choisies.
Tu es le ciel que je crains quelquefois,
Quelle femme connaît les pensées d'un roi ?
Un roi aime avoir des secrets,
C'est une caresse de la beauté,
N'est-ce pas magnifique de laisser l'homme retrouver,
Certains manuscrits de la Bible hébraïque, et de chercher
Pourquoi Dieu a laissé des traces de contact de sa divinité.
Cherche-t'on quelles formes de réalité ?
Son existence ou son message ?

Si tu mets tout ton amour pour comprendre la parole des sages,
Tu ne peux remettre en doute le passage,
Du temps à maintenant.
Il nous a laissé le fragment d'un rouleau des livres de Samuel,
Tangible à Omrân en Samarie.
Samuel a commencé ce que Gad et Nathan seront dans leurs vies.
Mais qui est le prophète Samuel ?
Un juge, un combattant …
Un chef guerrier,
Il a réussi à vivre, un peu avant la mort du roi-berger,
Enfant il est consacré au Seigneur par sa mère Hanna,
Qui l'a miraculeusement mis au monde à Rama
Il grandit à Silo, élevé chez le grand prêtre Eli,
Et pourquoi près des contrées d'Elkana ?
David gagne, des mains de Samuel, la couronne : il est béni.
Puis avec le temps le Gush Emunim "Bloc des croyants"
En mille neuf cent soixante dix sept,
Des juifs plus ou moins fervents
Ont poursuivi la quête,
De la théocratie.
Pour honorer la vie
Deux rabbins père et fils dont la pensée fondamentale diverge :
Rabbi Abraham Isaac Kook,
Et de son fils Rabbi Tzvi Yehuda Kook.
L'organisation souhaite que converge
Sur la terre sacrée la population arabe de l'Islam

Ne délaisser aucune âme.
Parcontre son fils Tzvi est un sionniste religieux
Qui de son père ne voit pas le monde avec les mêmes yeux,
C'est aussi cela l'épreuve de Dieu :
Respecter toutes les âmes,
Car le sang de la vie,
Ne choisit pas où il grandit,
Tous les mystères,
Protègent la terre
Parce que Dieu a posé le cristal de l'espérance,
Dans les yeux de toute l'enfance.
Il y a pour toi, pour moi, un cristal qui répète les commandements,
De nous aimer librement,
De nous aimer en dansant,
En tremblant,
D'amour,
Comme le voile du jour,
Cette douce lumière,
Qui enveloppe la terre ;
Pour qu'elle retrouve la croyance dans le cristal.
Le cristal, c'est la lumière condensée,
Depuis l'éternité, vitale.
Avant toi, je ne savais pas que l'amour existait,
Je rêve, je vis, je prie pour que la vie ne te blesse plus jamais
Pour qu'un jour nous vivions bras dans les bras,
Mon premier rêve ce fut toi :

Ton regard, ta voie de feu, qui ne m'ont jamais brûlée,
Comme le plus fou, le plus long des baisers.
J'aime te respecter,
Il y a dans l'existence des êtres dont on ne se sépare jamais
Ni par la mort, ni par la bêtise et la méchanceté
Les envieux nous font des faux présents
En disant que c'est pour nous protéger
À l'inverse, il y a des joies qui accomplissent leur vie,
Toi tu m'offres l'océan.
En nous voyant nous aimer si fort,
Ce sont les ancêtres des collines de midi,
Qui vivront encore.
En rêvant de l'air, du vent et n'oublie jamais l'océan ;
Qui sont les rouages du temps.
Je ne conçois pas une vie humaine, sans ton humilité,
Et ton pardon, pour mes péchés.
Mon plus grand péché est de t'aimer si fort pour l'éternité.
Tu es gentillesse, connaissance et prémonition
Lorsque je te vois, je suis en totale admiration,
Et je ne vis plus que pour sauver notre amour
Tu es la joie, la force, un peu de ce cristal chaque jour.
Je rêve de passer ma vie dans ton esprit
Pour devenir un peu ta vie …
Si cela m'est permis,
Pour remercier la fée qui habite en toi
De te laisser venir dans ma cabane de bois.

Suspendu au-delà du temps,
Sur les flots et les océans,
Et … nous aimerons nous faire l'amour,
Parce que ton plaisir,
Est mon plaisir.
Tu es comme moi, l'orgueil te fait peur,
J'aime lire à voie basse, un livre sacré
J'aime sentir que nous aimons tout nous donner
Te faire parcourir le ciel sur les vagues du bonheur,
Surmonter certaines épreuves : tu peux faire reculer
Le temps protégé par les colonnes d'héraklès :
Des colonnes de cristal, que je te montrerai avec tendresse,
C'est le plus bel héritage que j'ai reçu de mon père,
Des milliers de paroles qui furent pour lui des prières.
Aux pieds des colonnes d'Hercule se trouve le lion de Némée,
Héraklès combat armé seulement de sa massue au bois d'olivier
Le lion fait avancer les aiguilles du temps,
Ton immense amour te fait plonger : briser la marche du temps
Pour que tu me gardes à tout jamais en vie,
En vie, pour saluer les étoiles du paradis
Car tu me fais sentir la présence de l'instinct de Dieu :
Donner au monde entier, la force du cristal qui veut être bleu,
Pour protéger la paix et les amoureux.

La licorne bleue et la paix

Je t'aime, je te donne ma paix,
Je t'aime, je te donne mon espoir :
Près de moi, tu pourras voir le soleil se lever, se coucher,
Tu n'auras plus jamais peur le soir.
La licorne chante la paix universelle,
Plus la terre est en danger, plus elle t'appelle :
Tu es l'élu parmi les élus pour aimer tous les visages,
Dans ton esprit tu entends l'amour des sages,
Qui t'ont guidé jusqu'aux portes fleuries de notre jardin.
Rassure-toi, il n'y aura que ta main dans ma main
Pour faire pousser les étoiles, jusqu'au premier soleil,
Tu es plus beau que ce qui n'existe pas : tu es une merveille,
Tu lèves les mains vers le ciel, et tu ouvres la porte des anges
Parce que l'accès, est difficile vers les archanges.
J'écris le monde tel que tu le vois :
Je pense si fort au monde des rois …
Des ruisseaux fleuris qui ne cessent de nous sourire,
Me garderas-tu dans ton avenir ?
Des rayons de lumière jaillissent de tes yeux,
Lorsque tu penses à nous deux.
Je fais des rêves de plus en fous,
Mon âme t'appartient, parfois elle se met à genoux,
Car tu as un cœur de velours,
Et je ne suis soumise qu'à notre existence,
Chacun de tes mots de tes gestes regardent l'horizon d'amour,

Et dans ma robe blanche, pour toi je danse.
Le temple se remet à vivre et ses murs deviennent fort,
Tu danses devant le temple qui existe encore,
Tes pas sont légers portés par le vent :
Tu as grandi, et tu es devenu un homme, je te donne mon sang,
Tu es le roi du plus beau pays de l'univers :
Tu es le rêve de paix pour toute la terre,
Tes pas sont des fleurs sur la course des rabbins
Ils te font tourner en te tenant par les mains,
Tu poses partout des points de défense,
Tes ennemis ne sauront jamais d'où tu viens
Ni où tu vas quand tu danses.
Danser devant l'arche d'alliance
Est la symbolique, la belle joie de ce grand roi appelé David
David qui guide,
L'amour, le chemin de la paix
Qui est venu sur terre avec la marée,
La terre du ciel est la mariée,
Et le vent les accompagne du cantique sacré,
Et Dieu a eu environ huit milliards d'enfants,
Quand les enfants parlent à leurs parents,
C'est Dieu qui veut entendre leurs chants,
Il n'y a rien de plus beau que les chants dans le vent,
Le vent est le messager de l'Éternel,
L'Éternel n'est pas que dans le ciel.
Son amour est dans le cœur de toutes les créatures

Le monde à, l'origine était si pure,
Que les chevaux dansaient
En totale liberté,
Ils foulent l'eau
Pour éclabousser tes larmes
Sur ton visage si beau
Et faire exploser, la joie qui monte depuis toi,
Comme un cadeau inouï, une véritable foi.
Je voudrai être une femme forte, baignée par le vent,
Enveloppée de tous tes chants
Je ne peux lutter contre les charmes :
La fragilité de mon corps
Le désir qui brûle toujours et encore,
Tous les sentiers où tu passes,
Tel un oiseau qui ne se laisse pas piéger par les glaces,
Tu refuses de voir le monde comme un reflet
Tu rêves de voir un monde, autour de ton esprit : authenticité.
Un monde où il pleut des fleurs enchantées
Les anges aiment les fleurs, surtout celles pour l'amour et la paix
Les fleurs jaunes expriment le bonheur d'aimer,
Ou d'être aimée.
C'est toi qui fais tout mon bonheur
Tu me donnes l'étoile qui sèche mes pleurs intérieurs,
Et je voudrais pour toi être le même bonheur.
Tu es l'arbre qui nourrit
La volonté de Dieu sur terre, et lui sourit

Il sourit car il nous a donné beaucoup de fleurs
Ta bouche est une fleur rouge, qui fait de ta vie : une passion
Je rêve souvent que nous nous embrassons sur un horizon
Dont les sept couleurs sont l'escalier qui sauvera la terre,
Je te chante la fleur violette, victoire de l'univers :
Qui te fera découvrir l'union de l'arc-en-ciel et de l'horizon,
Au bout du monde il y aura toujours les couleurs de notre passion,
J'y suis allée en rêve et mon âme s'est emplie de lumière,
Car tu es cette fleur violette de douceur, de générosité
Et tu portes ta royauté avec humilité.
Ta puissance est telle que tu pénètres les esprits
Non pour juger, mais pour donner l'envie de la paix.
Il faudrait être anormal pour aimer la guerre,
Même si c'est pour sauver la terre,
Ta vie est plus précieuse que le ciel tout entier
Tu es le capitaine de mon cœur toujours ensoleillé,
Tu es la merveille, près de laquelle je veux marcher
Pour mieux sentir ton souffle et ton langage colorés
Pas besoin d'être un prince, un roi pour aimer
Je continuerai à, t'aimer
Quoi qu'il arrive :
Je serai sur ta rive,
Où je t'ai cherché depuis ce lointain.
Ton visage sourit tous les jours de paix,
Et tu espères plus pour l'humain :
Un espoir permanent

Une victoire qui viendra peut-être lentement mais sûrement
Nous afficherons tous un sourire immense,
Et nos yeux brilleront d'une joie intense.
Comme toi quand tu gagnes un nouveau combat,
Ton chemin est d'aller toujours au premier pas.
Tu contrôles tout sauf l'amour,
Et si je t'aime c'est le plus naturellement, de jour en jour
Comme les fleurs poussent tranquillement,
Avec de la lumière et de l'eau : ce que Dieu donna avec sa genèse,
Il donna aussi la braise,
La promesse et la raison
La chanson de la vie en gestation
Si Dieu pouvait donner la parole à tous les opprimés
Nous pourrions au moins les écouter,
Ils seront portés,
Un par un vers la liberté.
Quelle merveille que de voir leur indescriptible joie,
Mais pas aussi grande que celle que je ressens lorsque je te vois.
Ce n'est pas l'existence qui précède l'essence,
Mais la liberté qui accompagne l'essence.
La liberté est cette statue sur un piedestal de granit rose
À sa vue des sourires se posent non des pierres, mais des roses.
Elle fut construite en France par Frédéric Auguste Bartholi,
C'est la liberté éclairant le monde, pour toutes les vies.
La France a à nouveau ouvert ses bras
Pour tous les migrants,

Qui accueillis, retrouvent leurs sourires d'enfants.
La France pays des libertés, aime les USA
La France et les USA ont choisi la liberté à tout prix,
Ils ont la même idéologie,
Cette statue, est une offrande de la France pour les treize états
Le vingt-huit octobre mille huit cent quatre vingt six,
La justice mondiale a un fils
Ce monument reçu par Stephen Grover Cleveland
Cette statue célèbre la déclaration d'indépendance
Pour sa centième année.
Cleveland combat avec toute sa résistance
C'est un homme déterminé, il ne fait pas d'offrande :
Il lutte contre la corruption politique systématisée
Et le clientélisme, une faveur injustifiée
En échange de son vote pour gagner le pouvoir,
Au lieu d'un comportement proverbial,
La bonté a du faire face à l'esclavagisme, jour après jour
Mais cela n'a pas empêché la paix, puis l'amour,
Les Africains, les indigènes, les hébreux
Sont des peuples glorieux
Qui n'ont que la force de leur cœur,
La liberté est pour eux le plus grand honneur :
Comme la vie.
La vie est l'unique porte vers tout ce qui est permis :
J'aime chanter,
J'aime danser,

Lorsque les hommes peuvent prier en paix,
Et se battre pour anéantir les pouvoirs féodaux.
La paix c'est pouvoir te regarder diriger les flots
Avec ta volonté : plus de servage, plus d'esclavage.
L'amour aide à oublier la peur,
Et ta vie sera chaque jour des milliards de fleurs.
L'amour est bien plus intelligent que ce dise les sages,
Notre amour est un message de paix universel
Et nous lui serons toujours fidèles.
Jusqu'à quand faut-il se taire devant le blasphème ?
Cela te fait-il autant de bien d'entendre les mots : "Je t'aime"
Que tout ce qu'il m'arrive lorsque je pense à toi,
Que tout ce que l'humain ne comprend pas.
J'étais en pleine guerre de la vie,
J'ai trouvé refuge dans notre amour infini,
J'ai trouvé refuge quand je vais au temple, et que je lis au hasard,
Le psaume vingt-six, et que mes yeux voient ton regard.
"Je ne prends point place avec des gens faux,
[je préfère découvrir le beau]
Je ne fraye pas avec des hypocrites."[xiv]
Je préfère écouter le grand prêtre louer le mérite
De celui qui donne pour la tsedaka,
Et des baisers d'amour à la colombe qui va vers toi.
Et toi et moi, tellement amoureux,
Découvriront que notre monde est la résidence de D.ieu
Un monde pour accueillir des milliers de vent,

Et faire rire tous les enfants.
Les faire voyager, leur montrer les grands lieux d'énergie :
Le Kotel Hamaaravi
L'histoire de ce lieu saint remonte à la première création,
Qui commença par cet épicentre ;
Plus précisément par la "Even Hachetiya"
La pierre nourricière comme seul fond,
Située au sommet du mont Har Hamoriya
D'où émanent plusieurs centres :
L'instruction en Torah : horaa
La crainte du ciel : Yira
La lumière : Ora.
De grands événements se produisirent
Et issus du passés, seront présents et sont futurs :
Avraham y fit monter son fils Its'hak sur l'autel
Yaacov vit en rêve l'échelle
S'élevant jusqu'au ciel dans tous les rêves purs.
Sur laquelle les anges montaient et descendaient.
Ce furent là les premières graines de la paix :
Pas de mort, pas de sacrifice Avraham conserva son fils,
Cela se produisit dans et autour le temple de Jérusalem, jadis
Des prophètes : Josué, les Juges, Samuel et les rois
Un simple rocher surgissant des eaux.
Que l'Homme appela
"Au commencement, Dieu avait créé le ciel et la terre."[xv]
Ce rocher c'était la terre,

Ceci est le plus grand des mystères,
Et tu resteras pour l'éternité, la seule lumière de mes prières,
En te voyant je crois en l'univers en paix,
Et nos rêves nous dirons qui remercier,
À chaque instant je t'envoie des baisers
Tu as su préserver l'arche mobile,
Avec ton courage et ta force indélébile,
Gravée sur le parchemin de ma main,
Que je pose sur ton cœur tous les matins.

Table des matières.

La licorne bleue et le tonnerre (l'orage) 7
La licorne bleue et la source 63
La licorne bleue et le secret 109
La licorne bleue et la rose du secret (complément) 113
La licorne bleue et le cristal 147
La licorne bleue et la paix 177

Références bibliographiques

[i] Jb,36.30
[ii] Gn,18.26
[iii] Pr,5.19
[iv] Jr,31.3
[v] Gn,1.6
[vi] 1Ch,13.6
[vii] 1Rs,8.27
[viii] 1Jr,36.6
[ix] Gn,1.3
[x] Ex,1.17
[xi] Ps,17.2
[xii] Ps,121.2
[xiii] Gn,5.5
[xiv] Ps,26.4
[xv] Gn,1.1